gesund essen

mit Genuss

Alle Rezepte wurden ausgedacht, gekocht, probiert und auch fotografiert von

B + B + P + J

Herausgegeben vom Verlag – © VERDON CAPITE s.r.o., Prag 2022
als seine 2. Veröffentlichung, 224 Seiten
Firmensitz: Bělehradská 858/23, 120 00 Praha 2, Tschechische Republik
www.gesundessen.de, www.gesundessen.at, www.gesundessen.ch

ISBN 978-80-88387-27-5

© VERDON CAPITE s.r.o., 2022, alle Rechte vorbehalten

gesund essen

mit Genuss

Alle Rezepte wurden ausgedacht, gekocht, probiert und auch fotografiert von

B + B + P + J

Barbora L. kocht und fotografiert gerne.
Barbora H. denkt sich Rezepte aus.
Petr kocht nicht, fotografiert aber gerne. Er experimentiert auch gerne mit der Zusammensetzung von Rezepten herum und probiert das Ergebnis aus.

Was haben sie gemeinsam?
Alle drei studieren und interessieren sich dafür, was und wie sie essen.
Sie haben auch dieses Kochbuch zusammengestellt und auf eigene Faust herausgegeben.
Zu diesem Zeitpunkt waren sie im Schnitt einundzwanzig Jahre alt.
Auf dem Foto seht Ihr auch Petrs Mama Jana, die jedes ihrer Rezepte durchliest, kocht und der gesamten Familie zum Probieren gibt.

Dieses Kochbuch ist für die Augen und die Kochlöffel leicht fortgeschrittener Köche bestimmt. Deshalb haben wir unserer Fantasie keine Grenzen gesetzt und uns auch an Experimente mit Zutaten, Zubereitungsarten und unkonventionellen Kombinationen herangewagt. Wir sind überzeugt, dass Euch die Rezepte Spaß machen werden und Ihr sie spielend meistert!

Liebe Leser,

wir bringen ein Kochbuch zu Euch, da in ganz Europa bereits die Herzen von 200000 leicht fortgeschrittenen Köchen erobert hat. Wir haben uns sehr darüber gefreut, dass es bereits im Vorverkauf zum Bestseller wurde – ebenso wie das Kochbuch Gesund essen – schnell & einfach. Dies ist für uns eine große Motivation, weitere gedruckte Kochbücher herauszugeben und nicht nur ausschließlich an der bewährten Form unserer Online-Kanäle festzuhalten.

Nebenbei erwähnt haben wir auch deren Übersetzung bereits für Euch vorbereitet. Schaut einfach auf den Internetseiten mit vielen Rezepten www.gesundessen.de/at/ch oder auf unseren Facebook-Seiten Gesund essen vorbei; außerdem findet Ihr im App Store und auf Google Play wahrscheinlich schon unsere App Gesund esen.

Rezepte für kreative Köche

Falls Ihr bereits unser Kochbuch für Anfänger kennt, so wird Euch bestimmt auffallen, dass die Rezepte auf den folgenden Seiten etwas mutiger und verspielter sind. Wir haben neue Zubereitungsarten sowie Kombinationen interessanter Zutaten getestet. So wie wir und unsere Möglichkeiten wachsen, so entwickelt sich auch das Kochbuch weiter – und wir sind überzeugt, dass die Fertigkeiten unserer Leser im gleichen Maße wachsen.

Wir haben uns jedoch weiterhin an unsere Hauptprinzipien gehalten:

— die Rezepte sind gesund mit hochwertigen Zutaten,
— sie lassen sich innerhalb kurzer Zeit zubereiten,
— die meisten Zutaten findet Ihr in einem gewöhnlichen Supermarkt.

Reihenfolge und Beschreibung der Rezepte

Die einzelnen Rezepte sind im Kochbuch entsprechend dem Typ des Gerichts in eine Kategorie eingeordnet. Frühstück, Suppen, Aufstriche und so weiter. Bei jedem Rezept findet Ihr außer einer einfachen Beschreibung der Zubereitung auch Nährwertangaben und Tipps, wie das Gericht besonders gestaltet werden kann. Ihr müsst Euch somit nicht den Kopf darüber zerbrechen, ob das Mittagessen mit viel Gemüse auch eingefleischten Fleischessern schmecken wird. Ihr gestaltet es einfach je nach Bedarf.

Wir haben alle Rezepte für ein einfacheres Auffinden mit diesen Symbolen gekennzeichnet:

Ⓥ   Symbol für die Kennzeichnung aller **VEGANEN** Rezepte.

Ⓢ   Symbol für die Kennzeichnung aller **VEGETARISCHEN** Rezepte.

Ⓖ   Symbol für die Kennzeichnung aller **GLUTENFREIEN** Rezepte.

Vergewissert Euch jedoch bevor Ihr mit dem Kochen beginnt, dass die Produkte, die Ihr eingekauft habt, nicht Spuren von Lebensmitteln enthalten, auf welche Ihr empfindlich oder allergisch reagiert.

Verwendete Zutaten

Für die Zutaten und die Mengenangaben legen wir die Hand ins Feuer. Alle Gerichte haben wir mehrmals gekocht und beim Backen haben wir auch verschiedene Backöfen getestet. Den Großteil der Zutaten könnt Ihr in gewöhnlichen Supermärkten und Geschäften kaufen. Manche Zutaten sind nur im Reformhaus erhältlich oder man muss sie in speziellen E-Shops bestellen.

Wir haben ein Kochbuch voller einfacher und schmackhafter Rezepte zusammengestellt, die Ihr sicherlich spielend bewältigen werdet. Wir hoffen, dass Euch das Kochen damit gut gelingt!

Frühstück und Vesper

ZrrRRrr! Da ist es wieder – dieses unangenehme Geräusch, das Euch aus dem angenehm warmen Bett scheucht. Ab morgen werdet Ihr jedoch anfangen, es zu mögen. Es wird Euch nämlich zu einem verdammt guten Frühstück rufen!

Was für ein Frühstück?

Ein duftendes und farbenfrohes.
 Aus den besten Zutaten, die Euch schnell Energie spenden.
  Voll von langkettigen Kohlenhydraten, Eiweißen, Antioxidantien und Ballaststoffen. Freut Euch auf Milchreis, Buchweizen- oder Heidelbeer-Pfannkuchen, an denen auch Kinder Freude haben werden. Ihr habt Euch auch mehr herzhafte Kombinationen gewünscht und das haben wir gerne befolgt. Was sagt Ihr zu Haferbrei mit Champignons, Thunfisch-Avocado-Toast oder gebackenen Eiern mit Spinat?
  Ihr habt morgens keine Zeit, Pfannkuchen zu braten oder Brei zu kochen? Packt Euch einen Nussriegel in die Tasche oder mixt Euch in nur 5 Minuten einen vitaminreichen Smoothie mit Matcha-Tee.
  Ihr könnt alle Rezepte sowohl zum Frühstück als auch als Vesper nutzen. Und wenn es am Wochenende schön ist, kocht von jedem ein bisschen, legt alles in einen Korb und macht Euch mit einer warmen Decke zu einem Picknick auf.

Heidelbeerpfannkuchen

Vorbereitungszeit: 10 Minuten
Koch-/Backzeit: 16 Minuten

Schwierigkeit: einfach
Portionen: 3

- 90 g fein gemahlenes Vollkorn-Dinkelmehl*
- 40 g gemahlene Haferflocken
- 1 TL Zimt
- 1 TL Backpulver
- 1 TL Vanilleextrakt
- 1 EL Honig
- 1 Ei
- 100 ml Milch
- 150 g Heidelbeeren
- 50 g Kokosöl
- Salz

In einer Schüssel das Mehl, die gemahlenen Haferflocken, sowie Zimt, Salz und Backpulver vermischen.

In einer zweiten Schüssel das Vanilleextrakt mit Honig, Ei und Milch verquirlen.

Den Inhalt beider Schüsseln zusammenmischen und die Heidelbeeren hinzugeben.

In einer Pfanne das Kokosöl erwärmen.

Den Teig als kleine Pfannkuchen in die Pfanne gießen. Von jeder Seite 1–2 Minuten backen.

TIPP Und was gibt es als Beilage? Probiert den Kakao-Kokos-Schaum von Seite 138.

* Dinkelmehl wird aus Dinkelweizen hergestellt und ist im Vergleich zu gewöhnlichem Weizenmehl besser verdaulich.

Nährwertangaben für 1 Portion:

(393 kcal)
(9 g Eiweiß)
(42 g Kohlenhydrate)
(21 g Fett)

Frühstück und Vesper

Buchweizengrütze mit Honig und Kokos

Vorbereitungszeit: 10 Minuten
Koch-/Backzeit: 10 Minuten

Schwierigkeit: einfach
Portionen: 2

— 200 g Buchweizengrütze
— 300 ml Mandelmilch
— 1 TL Vanilleextrakt
— 1 EL geraspelte Kokosnuss
— 2 TL Honig
— 50 g gehackte Pekannüsse
— 2 Feigen

Die Milch zum Sieden bringen, die gesamte Buchweizengrütze hineinschütten, unter stetigem Rühren 10 Minuten kochen lassen und anschließend direkt von der Platte nehmen.

Mit geschlossenem Deckel für 5 Minuten beiseitestellen.

Nach 5 Minuten das Vanilleextrakt und die geraspelte Kokosnuss mit in den Brei rühren. Den Brei in zwei Schälchen aufteilen, mit kleingeschnittenen Feigen belegen, mit Honig beträufeln und mit gehackten Pekannüssen bestreuen.

TIPP Ihr könnt in die Buchweizengrütze zum Beispiel auch Zimt, Erdnussbutter oder verschiedene Sorten von getrocknetem und frischem Obst zumischen.

Nährwertangaben für 1 Portion:

(616 kcal)

(13 g Eiweiß)

(87 g Kohlenhydrate)

(24 g Fett)

Cappuccino-Milchreis

Vorbereitungszeit: 10 Minuten
Koch-/Backzeit: 45 Minuten

Schwierigkeit: einfach
Portionen: 2

- **400 ml Mandelmilch** (kann durch andere Milch ersetzt werden)
- **1 TL Vanilleextrakt**
- **55 g roher Wildreis**
- **1 TL Honig**
- **1 starker Espresso**
- **1 Prise Salz**
- **1 TL gemahlener Zimt**

Die Milch, das Vanilleextrakt, den Espresso und den Honig in einen Topf schütten und jeweils eine Prise Salz und Zimt dazugeben.
Den Reis hinzugeben, zum Kochen bringen und auf mittlerer Hitze halten. Anschließend kochen, bis der Reis weich ist. Das dauert ca. 35–40 Minuten.

TIPP Ihr könnt den Reis mit griechischem Joghurt servieren und mit Honig süßen. Falls Euch Reis von einer anderen Mahlzeit übrig geblieben ist, könnt Ihr den Brei auch aus zuvor gekochtem Reis zubereiten. Dafür den Reis für 5 Minuten in Mandelmilch erwärmen, die restlichen Zutaten zugeben und servieren.

Nährwertangaben für 1 Portion:

- 155 kcal
- 3 g Eiweiß
- 29 g Kohlenhydrate
- 3 g Fett

Karotten-Overnight-Oats

Vorbereitungszeit: 15 Minuten
Koch-/Backzeit: 0 Minuten

Schwierigkeit: einfach
Portionen: 2

- 50 g geriebene Karotten
- 50 g Haferflocken
- 1 TL Chia-Samen
- ½ TL gemahlener Kardamom
- ½ TL gemahlener Zimt
- 200 ml Milch
- 1 TL Honig
- ½ Banane
- 50 g Joghurt
- 2 Medjool-Datteln

Die Karotten, die Haferflocken, die Chia-Samen, das Kardamom, den Zimt und die Milch mit dem Honig in einem verschließbaren Glas vermischen. Das Glas für mindestens 1 Stunde in den Kühlschrank stellen (am besten jedoch über Nacht).

Die Banane mit dem Joghurt und den Datteln kleinmixen. Das Glas aus dem Kühlschrank nehmen, umrühren und den Brei mit der kleingemixten Banane servieren.

TIPP Ihr könnt zu Banane, Joghurt und Datteln 1 Teelöffel holländischen Kakao zumischen.

Nährwertangaben für 1 Portion:

(249 kcal)

(9 g Eiweiß)

(42 g Kohlenhydrate)

(5 g Fett)

Energy-Riegel

Vorbereitungszeit: 20 Minuten
Koch-/Backzeit: 35 Minuten

Schwierigkeit: einfach
Portionen: 12 Stück

- 200 g Haferflockenmehl
- 100 g Ahornsirup*
- 150 g Kokosöl
- 60 g Haferflocken
- 50 g gemahlene Walnüsse
- 50 g gemahlene Mandeln
- 2 EL Leinsamen
- 100 g Johannisbeerkonfitüre ohne Zucker
- 1 TL Vanilleextrakt
- Salz

Den Backofen auf 190 °C vorheizen.

Das Haferflockenmehl, sowie Ahornsirup, Salz, geschmolzenes Kokosöl und Haferflocken vermischen.

Etwa ⅔ des entstandenen Teigs in einer mit Backpapier ausgelegte Backform (15 × 15 cm) verteilen. 12 Minuten bei 180–190 °C backen.

Inzwischen den restlichen Teig mit den Walnüssen, den Mandeln und den Leinsamen verrühren.

Die Form aus dem Ofen nehmen, dann die untere Schicht mit Konfitüre bestreichen und mit dem Teig-Nuss-Gemisch übergießen.

Weitere ca. 20 Minuten im Ofen backen lassen. Die abgekühlten Riegel in 12 gleich große Teile zerschneiden.

TIPP Anstatt Johannisbeerkonfitüre könnt Ihr Chia-Marmelade verwenden, das Rezept findet Ihr auf S. 172.

* Ahornsirup ist ein natürliches Süßungsmittel mit einem typischen nussigen Geschmack. Er wird aus dem Saft des Zucker-Ahorns gewonnen.

Nährwertangaben für 1 Stück:

- 271 kcal
- 5 g Eiweiß
- 20 g Kohlenhydrate
- 19 g Fett

Matcha-Smoothie-Bowl

Vorbereitungszeit: 5 Minuten
Koch-/Backzeit: 0 Minuten

Schwierigkeit: einfach
Portionen: 1

- 150 ml Mandelmilch
- 50 g Avocado
- 1 gefrorene Banane
- 1 EL Chia-Samen
- 1 EL Erdnussbutter
- 1 EL Dattelsirup
- 1 TL Zimt
- 2 TL Matcha-Tee

ZUM SERVIEREN
- 1 Banane
- 1 Handvoll Buchweizen-Crisps*

Die Milch, die Avocado, die Banane, die Chia-Samen sowie Erdnussbutter, Dattelsirup, Zimt und Matcha-Tee in den Mixer geben und glattmixen.

In ein Schälchen füllen und mit der in Scheiben geschnittenen Banane und Crisps verzieren.

TIPP Anstatt Dattelsirup könnt Ihr auch gehackte Datteln verwenden. Zum Beispiel mit Maracuja servieren.

* Das Rezept für Buchweizen-Crisps findet Ihr auf S. 154.

Nährwertangaben für 1 Portion:

(510 kcal)
(10 g Eiweiß)
(68 g Kohlenhydrate)
(22 g Fett)

Gebackene Eier mit Spinat

Vorbereitungszeit: 10 Minuten
Koch-/Backzeit: 4 Minuten

Schwierigkeit: einfach
Portionen: 3

- 3 EL Olivenöl
- 2 Schalotten
- 300 g Spinat
- 7 Eier
- 180 g Mozzarella
- 100 g vorgekochte Kichererbsen
- 60 g Sonnenblumenkerne
- Salz
- Pfeffer

Den Backofen auf 180 °C vorheizen.

In einer tiefen Pfanne 3 Esslöffel Olivenöl erhitzen und die fein gehackten Schalotten anbraten.

Den Spinat unter fließendem Wasser abwaschen, mit in die Pfanne geben und 3–4 Minuten anbraten. Zur Seite stellen.

Die Eier in einer großen Schüssel zusammen mit Salz und Pfeffer verquirlen. Den angebratenen Spinat und die Schalotten, den geriebenen Mozzarella und die Kichererbsen mit in die Schüssel geben.

Das Gemisch in eine mit Backpapier ausgelegte oder mit Olivenöl eingefettete Backform (30 × 30 cm) füllen. Mit Sonnenblumenkernen bestreuen, in den Ofen schieben und ca. 30 Minuten bei 170–180 °C backen.

TIPP Noch vor dem Backen könnt Ihr kleingeschnittene getrocknete Tomaten und Oliven unter die Eier mischen.

Nährwertangaben für 1 Portion:

716 kcal

39 g Eiweiß

32 g Kohlenhydrate

48 g Fett

Spinatomelett mit Champignons

Vorbereitungszeit: 10 Minuten
Koch-/Backzeit: 10 Minuten

Schwierigkeit: einfach
Portionen: 2

- 2 EL Olivenöl
- 100 g Champignons
- 4 Eier
- 200 ml Milch
- 2 Handvoll Babyspinat
- 1 Avocado
- 2 EL geriebener Parmesan
- Salz
- Pfeffer

Das Olivenöl in einer Pfanne erhitzen und die kleingeschnittenen Champignons ca. 5 Minuten anbraten.

Die Eier mit der Milch sowie Salz und Pfeffer verquirlen. In eine zweite Pfanne gießen und bei mittlerer Hitze ca. 5–6 Minuten anbraten, bis der Rand beginnt, sich braun zu färben.

Das Omelett mit einem Holzspachtel auf einen Teller legen und eine Hälfte mit gebratenen Champignons, Spinat, in Würfel geschnittener Avocado und Parmesan belegen. Das Omelett zusammenklappen und servieren.

TIPP Mandelmilch verleiht dem Omelett einen interessanten Geschmack. Probiert sie anstelle der Milch, die Ihr für gewöhnlich verwendet.

Nährwertangaben für 1 Portion:

(595 kcal)

(21 g Eiweiß)

(13 g Kohlenhydrate)

(51 g Fett)

Herzhafter Haferbrei mit Champignons

Vorbereitungszeit: 20 Minuten
Koch-/Backzeit: 15 Minuten

Schwierigkeit: einfach
Portionen: 2

— 150 g Haferflocken
— 2 EL Olivenöl
— 1 Schalotte
— 1 Knoblauchzehe
— 100 g Champignons
— 1 TL getrockneter Rosmarin
— 50 g geriebener Parmesan
— 2 Eier
— Salz

400 ml Wasser in einem Topf zum Sieden bringen. Die Haferflocken hineinstreuen und 15 Minuten weichkochen lassen.

Solange die Haferflocken kochen, braten wir in einer Pfanne auf 2 Esslöffel Olivenöl die Schalotte an. In Scheiben geschnittene Champignons, gepresste Knoblauchzehe und Rosmarin zugeben und 8 Minuten anbraten.

Die gekochten Haferflocken von der Platte nehmen und den geriebenen Parmesan einrühren. Mit Salz und Pfeffer abschmecken, in 2 Portionen aufteilen und mit gebratenen Champignons und pochiertem Ei* servieren.

TIPP Während der letzten 2 Minuten Bratzeit 2 Handvoll Babyspinat mit in die Pfanne geben.

* Wie man pochiertes Ei macht:
Einen halben Liter gesalzenes Wasser in einem Topf zum Sieden bringen, 2 EL Essig zugeben und Hitze reduzieren, sodass das siedende Wasser keine Blasen bildet. Das Ei in einen Schöpflöffel aufschlagen, ins Wasser tauchen und 4–5 Minuten kochen. Das Ei herausnehmen, auf einen Teller mit Serviette legen, abtrocknen und in das Schälchen zu den Haferflocken geben.

Nährwertangaben für 1 Portion:

(588 kcal)

(27 g Eiweiß)

(48 g Kohlenhydrate)

(32 g Fett)

Thunfisch-Avocado-Toast

Vorbereitungszeit: 10 Minuten
Koch-/Backzeit: 4 Minuten

Schwierigkeit: einfach
Portionen: 2

- 1 Avocado
- 90 g Thunfisch aus der Dose (abgegossen)
- 1 EL Olivenöl
- 100 g Mozzarella
- 1 Tomate
- 4 Scheiben Vollkornbrot

Die Avocado mit der Gabel zerdrücken und mit dem Thunfisch und dem Olivenöl vermischen.

2 Scheiben Vollkornbrot bereitlegen, die Avocado-Thunfisch-Mischung darauf verteilen und mit geriebenem Mozzarella und Tomatenscheiben belegen.

Die restlichen zwei Brotscheiben darauflegen und im Sandwich-Eisen 3–4 Minuten überbacken lassen.

Nährwertangaben für 1 Portion:

(629 kcal)
(26 g Eiweiß)
(39 g Kohlenhydrate)
(41 g Fett)

Toast 9× anders

1
— 1 Avocado (zerdrückt)
— 50 g Mozzarella
— 1 Handvoll Cherry-Tomaten
— 1 TL Olivenöl
— Salz, Pfeffer

710 kcal
15 g Eiweiß
23 g Kohlenhydrate
62 g Fett

2
— 1 EL Schokoladen-Hummus
— 1 Handvoll Granatapfelkerne
— 10 g Haselnüsse

170 kcal
5 g Eiweiß
15 g Kohlenhydrate
10 g Fett

3
— 50 g Ricotta
— 10 g Pekannüsse
— 4 Weintrauben

219 kcal
7 g Eiweiß
14 g Kohlenhydrate
15 g Fett

4
— 50 g Feta
— 2 Medjool-Datteln
— 1 Erdbeere
— 10 g gehobelte Mandeln

281 kcal
12 g Eiweiß
20 g Kohlenhydrate
17 g Fett

5
— 50 g Frischkäse
— einige Zucchinischeiben
— 50 g geräucherter Lachs

287 kcal
17 g Eiweiß
12 g Kohlenhydrate
19 g Fett

6
— ¼ Avocado
— 1 Ei
— ¼ TL Chilipulver

254 kcal
9 g Eiweiß
14 g Kohlenhydrate
8 g Fett

7
— 30 g Erdnussbutter
— ½ Banane

300 kcal
11 g Eiweiß
28 g Kohlenhydrate
16 g Fett

8
— 1 EL Hummus
— einige Gurkenscheiben
— 20 g Sesamsamen

250 kcal
10 g Eiweiß
21 g Kohlenhydrate
14 g Fett

9
— 30 g Erdnussbutter
— ½ Apfel
— ½ TL gemahlener Zimt

272 kcal
10 g Eiweiß
22 g Kohlenhydrate
16 g Fett

Suppen

Manch einer kann sich ohne sie kein Mittagessen vorstellen, ein anderer mag sie lieber mit etwas Brot zum Abendessen. Auf alle Fälle sollten Suppen in unserem Speiseplan nicht fehlen. Nicht umsonst sagt man schließlich, dass eine Suppe die Basis einer vollwertigen Mahlzeit ist.

Erinnert Ihr Euch, wie Eure Großmutter bei den ersten Anzeichen einer Erkältung zum größten Topf gegriffen und begonnen hat, eine Suppe zusammenzubrauen? Das kommt nicht von ungefähr. In einer ordentlichen Suppe findet man nämlich nur selten ungesunde Zutaten – sofern der Koch nicht gerade ein Freund von Instantbrühen und Geschmacksverstärkern ist. Außerdem nehmt Ihr mit jedem Teller mindestens einen viertel Liter Flüssigkeit zu Euch und werdet wunderbar innerlich aufgewärmt.

Unsere Suppen sind genauso reichhaltig und voller Gemüse wie Großmutters Suppen, dabei kommen sie ohne dicke Mehlschwitze und Butter aus. Viele Suppen haben eine cremige Konsistenz, die auch kleinen Kindern schmeckt und geschickt größere Mengen an Gemüse kaschiert. Und die Suppen haben es wirklich in sich! Ihr findet darin Tomaten, Zucchini, Erbsen, rote Bohnen, Brokkoli oder Rote Bete. Ihr werdet aber auch auf weniger bekannte Kombinationen mit hausgemachter Erdnussbutter oder Fetakäse stoßen.

Schaut in Euren Speiseschrank, bestimmt habt Ihr bereits jetzt Zutaten für einige der Rezepte im Haus.

Suppe mit Austern-Seitlingen

Vorbereitungszeit: 10 Minuten
Koch-/Backzeit: 20 Minuten

Schwierigkeit: einfach
Portionen: 4

— 1 EL Butterschmalz
— 1 kleine Zwiebel
— 2 Knoblauchzehen
— 2 EL süße Paprika
— ½ TL Chilipulver
— 1 l Brühe
— 300 g Austern-Seitlinge*
— 1 TL getrockneter Kümmel
— 1 EL getrockneter Majoran
— Salz
— Pfeffer

In einem Topf bei mittlerer Hitze die fein gehackte Zwiebel in Butterschmalz anbraten. Eine gepresste Knoblauchzehe zugeben und 2 Minuten braten lassen.

Die Zwiebel und den Knoblauch mit süßer Paprika bestreuen. Unter stetigem Rühren max. 1 weitere Minute braten, bis die Zwiebel braun wird. Das Chilipulver mit in den Topf geben und alles mit Brühe übergießen.

Die Austern-Seitlinge in Streifen schneiden und mit in den Topf geben. Bei geschlossenem Deckel 10–15 Minuten kochen. Anschließend mit Kümmel, Majoran, Salz und Pfeffer abschmecken.

Zum Schluss die restliche gepresste Knoblauchzehe in die Suppe geben, umrühren und servieren.

TIPP Die Suppe wird noch sättigender, wenn Ihr dazu Naan-Brot von S. 110 serviert.

* Austern-Seitlinge werden in der Küche nicht nur wegen ihres Geschmacks verwendet, sondern auch aufgrund ihrer heilenden Wirkung. Sie stärken das Immunsystem und helfen gegen Verdauungsbeschwerden oder bei Entgiftungskuren.

Nährwertangaben für 1 Portion:

(80 kcal)

(3 g Eiweiß)

(42 g Kohlenhydrate)

(21 g Fett)

Brokkolisuppe mit Sellerie

Vorbereitungszeit: 15 Minuten
Koch-/Backzeit: 30 Minuten

Schwierigkeit: einfach
Portionen: 4

— 1 EL Butterschmalz*
— 1 EL Olivenöl
— 2 Schalotten
— 1 Sellerie
— 3 Knoblauchzehen
— 1 TL getrockneter Rosmarin
— 400 g Brokkoli
— 800 ml Brühe
— Salz
— Pfeffer

Das Butterschmalz zusammen mit dem Olivenöl in einem Topf erhitzen und die fein gehackte Schalotte für ca. 5 Minuten darauf anbraten. Gepresste Knoblauchzehen und in Würfel geschnittenen Sellerie dazugeben und mit Rosmarin bestreuen.

Nach einer Weile die geputzten Brokkoliröschen zusammen mit der Brühe dazugeben und die Suppe zum Sieden bringen. Für 10–15 Minuten kochen, bis der Brokkoli weich ist.

Die Suppe von der Kochplatte nehmen, abkühlen lassen und mit dem Mixstab zu einer feinen Creme kleinmixen. Mit Salz und Pfeffer abschmecken und servieren.

TIPP Die verwendete Menge an Brühe ist für eine sehr dicke Suppe gedacht, sofern Ihr eine dünnere Suppe gewohnt seid, gebt Brühe oder einfach nur Wasser hinzu.

* Butterschmalz ist Butter, die gekocht wurde und der Wasser und Eiweiße entzogen wurden. Es schmeckt so wie gewöhnliche Butter, mit einem leicht nussigen Geschmack. Der Hauptvorteil von Butterschmalz ist seine längere Haltbarkeit und die Beständigkeit gegen höhere Temperaturen.

Nährwertangaben für 1 Portion:

(151 kcal)
(5 g Eiweiß)
(17 g Kohlenhydrate)
(7 g Fett)

Zucchinisuppe

Vorbereitungszeit: 20 Minuten
Koch-/Backzeit: 30 Minuten

Schwierigkeit: einfach
Portionen: 4

- 1 EL Butterschmalz
- 1 EL Olivenöl
- 1 weiße Zwiebel
- 2 Knoblauchzehen
- 600 g Zucchini
- 700 ml Gemüsebrühe
- Salz
- Pfeffer
- 200 g Feta-Käse*

Das Butterschmalz zusammen mit dem Olivenöl in einem Topf erhitzen.

Die feingehackte Zwiebel mit den gepressten Knoblauchzehen zugeben und ca. 6 Minuten bei mittlerer Hitze anbraten.

Die Zucchini abwaschen, in Scheiben schneiden und mit in den Topf geben.

Ca. 10 Minuten braten lassen und anschließend mit Gemüsebrühe übergießen.

Die Suppe bei geschlossenem Deckel 10–15 Minuten kochen lassen, bis die Zucchini komplett weich ist.

Die Suppe von der Platte nehmen, abkühlen lassen und mit dem Mixstab kleinmixen. Mit Salz und Pfeffer abschmecken und mit grob zerkrümeltem Feta servieren.

TIPP Die Suppe kann mit trocken gerösteten Sonnenblumenkernen serviert werden.

* Feta ist ein aus Ziegen- und Schafsmilch hergestellter griechischer Frischkäse.

Nährwertangaben für 1 Portion:

237 kcal

10 g Eiweiß

11 g Kohlenhydrate

17 g Fett

Linsensuppe mit Kurkuma

Vorbereitungszeit: 25 Minuten
Koch-/Backzeit: 40 Minuten

Schwierigkeit: einfach
Portionen: 4

- 2 EL Olivenöl
- 1 Zwiebel
- 2 Karotten
- 3 Knoblauchzehen
- 1 TL gemahlener Kümmel
- 1 TL Kurkuma*
- 1 TL getrockneter Rosmarin
- 400 g gehackte Tomaten aus der Dose
- 900 ml Gemüsebrühe
- 100 g rote Linsen
- Salz
- Pfeffer
- Saft von ½ Zitrone

In einem Topf das Öl erhitzen und die feingehackte Zwiebel darauf anbraten. In dünne Scheiben geschnittene Karotten und gepresste Knoblauchzehen zugeben und 5 Minuten braten.

Den Kümmel sowie Kurkuma und Rosmarin zugeben und bei starker Hitze ca. 20 Sekunden braten. Die in Würfel geschnittenen Tomaten zugeben, umrühren und 5 Minuten köcheln lassen.

Den Topfinhalt mit Gemüsebrühe übergießen, die roten Linsen zugeben und bei geschlossenem Deckel 30 Minuten kochen lassen. Die Suppe eine Weile abkühlen lassen. Die Hälfte der abgekühlten Suppe in den Mixer gießen.

Anschließend die Suppe kleinmixen und in den Topf zurückgießen.

Zuletzt die Suppe mit Salz, Pfeffer und Zitronensaft abschmecken.

TIPP Jede Portion mit einem Löffel saurer Sahne servieren.

* Kurkuma, auch indischer Safran genannt, ist ein Gewürz, das Bestandteil der Curry-Gewürzmischung ist. Seine typische gelbe Farbe verdankt es seinem Gehalt an Kurkumin. Es wird vor allem in der asiatischen Küche genutzt.

Nährwertangaben für 1 Portion:

- 220 kcal
- 8 g Eiweiß
- 29 g Kohlenhydrate
- 8 g Fett

Erbsencremesuppe

Vorbereitungszeit: 5 Minuten
Koch-/Backzeit: 30 Minuten

Schwierigkeit: einfach
Portionen: 4

— 2 EL Olivenöl
— 1 kleine weiße Zwiebel
— 2 Knoblauchzehen
— 750 ml Gemüsebrühe
— 300 g Zuckererbsen
— 120 ml Reissahne*
— 1 Handvoll Minzblätter
— 1 Handvoll frische Petersilie
— 1 EL Limettensaft
— **Salz**
— **Pfeffer**

Die Zwiebel fein hacken.

In einem Topf inzwischen 2 Esslöffel Olivenöl erhitzen und anschließend die Zwiebel 4–5 Minuten anbraten. Die gepressten Knoblauchzehen zugeben und nach weiteren 30 Sekunden auch die Zuckererbsen. Diese 5 Minuten lang anbraten, anschließend alles mit Brühe übergießen und 20–25 Minuten bei geschlossenem Deckel kochen lassen.

Die Suppe eine Weile abkühlen lassen und mit dem Mixstab kleinmixen.

Anschließend die Reissahne zugießen und mit Salz, Pfeffer und Zitronensaft abschmecken.

Die Suppe mit gehackter Petersilie und Minze servieren.

TIPP Der Geschmack der Suppe kann durch ein paar Esslöffel Buttermilch angenehm ergänzt werden – beim Servieren der Suppe hinzugeben.

* Reissahne enthält weder Soja noch Gluten. Sie ist somit eine hervorragende Alternative für Veganer oder Zöliakiebetroffene. Gegenüber klassischer Sahne zeichnet sie sich durch einen süßeren Geschmack aus.

Nährwertangaben für 1 Portion:

184 kcal

6 g Eiweiß

13 g Kohlenhydrate

12 g Fett

Champignonsuppe

Vorbereitungszeit: 15 Minuten
Koch-/Backzeit: 30 Minuten

Schwierigkeit: einfach
Portionen: 4

— 2 EL Butterschmalz
— 1 große weiße Zwiebel
— 500 g Champignons
— 700 ml Gemüsebrühe
— 2 TL getrockneter Salbei*
— 250 ml Reismilch
— Salz
— Pfeffer

Das Butterschmalz in einem Topf erhitzen und die fein gehackte Zwiebel darauf anbraten (ca. 5 Minuten).

In Scheiben geschnittene geputzte Champignons und Salbei mit dazugeben und bei mittlerer Hitze 10 Minuten anbraten. Alles mit Brühe übergießen und 15 Minuten bei geschlossenem Deckel kochen lassen.

Zum Schluss die Reismilch dazugießen, mit Salz und Pfeffer abschmecken und mit dem Mixstab kleinmixen.

TIPP Mit Reismilch wird die Suppe etwas süßer sein als bei der Verwendung von Kuhmilch.

* Echter Salbei wurde in der altböhmischen Küche insbesondere bei der Zubereitung der meisten Fleischgerichte verwendet. Er hat ein starkes, typisches Aroma und kann zum Beispiel auch in Salaten verwendet werden.

Nährwertangaben für 1 Portion:

- 116 kcal
- 4 g Eiweiß
- 16 g Kohlenhydrate
- 4 g Fett

Karottensuppe mit gerösteten Kichererbsen

Vorbereitungszeit: 30 Minuten
Koch-/Backzeit: 40 Minuten

Schwierigkeit: mittelschwer
Portionen: 4

- 2 EL Olivenöl
- 300 g Karotten
- 2 mittelgroße Kartoffeln
- 4 Knoblauchzehen
- ½ TL gemahlener Koriander
- ½ TL gemahlener Kümmel
- 1 l Gemüsebrühe
- Salz
- Pfeffer
- 1 EL Weinessig
- 2 EL Sesamsamen

FÜR DIE GERÖSTETEN KICHERERBSEN
- 200 g vorgekochte Kichererbsen
- ½ TL Chilipulver
- 1 EL Olivenöl
- 1 Prise Salz

Den Backofen auf 180 °C vorheizen.

Die Kichererbsen abgießen und mit Chili, Salz und Olivenöl vermischen.

Auf einem mit Backpapier ausgelegten Backblech verteilen, in den Ofen geben und ca. 30 Minuten bei 170–180 °C backen.

Während die Kichererbsen backen, bereiten wir die Suppe zu. Das Olivenöl in einem Topf erhitzen, die in Würfel geschnittenen Karotten, die Kartoffeln, sowie gepresste Knoblauchzehen, Koriander und Kümmel zugeben und ca. 12–15 Minuten anbraten.

Den Topfinhalt mit Gemüsebrühe übergießen und bei geschlossenem Deckel 30 Minuten kochen lassen. Die Suppe abkühlen lassen, mit dem Mixstab kleinmixen und mit Salz, Pfeffer und Weinessig abschmecken.

Die Suppe zusammen mit gerösteten Kichererbsen und Sesamsamen servieren.

TIPP Ihr könnt die gerösteten Kichererbsen zu jeder beliebigen Suppe servieren oder sie z. B. beim Ansehen beim Filmeschauens knabbern.

Nährwertangaben für 1 Portion:
- 371 kcal
- 14 g Eiweiß
- 45 g Kohlenhydrate
- 15 g Fett

Rote-Bete-Suppe

Vorbereitungszeit: 20 Minuten
Koch-/Backzeit: 45 Minuten

Schwierigkeit: einfach
Portionen: 4

- **1 EL Butterschmalz**
- **1 weiße Zwiebel**
- **500 g rohe Rote Bete**
- **2 TL getrockneter Thymian**
- **500 ml Brühe**
- **2 Knoblauchzehen**
- **½ TL Chilipulver**
- **Salz**
- **Pfeffer**
- **1 TL Weinessig**
- **1 Handvoll Petersilie zum Servieren**

Die Zwiebel fein hacken und in einem großen Topf in Butterschmalz anbraten (2–3 Minuten).

Die rohe Rote Bete schälen, in Würfel schneiden, mit in den Topf geben, mit Thymian bestreuen und für 5 Minuten auf der Zwiebel anbraten. Alles mit Brühe übergießen und bei geschlossenem Deckel ca. 35 Minuten kochen lassen.

Die Suppe von der Kochplatte nehmen und mit einem Mixstab glattmixen. Die gepressten Knoblauchzehen und einen Teelöffel Weinessig mit in die Suppe geben und mit Salz und Pfeffer abschmecken.

Die Suppe am besten mit frisch geschnittener Petersilie servieren.

TIPP Die Suppe mit einem Schuss saurer Sahne und saisonalen Kräutern servieren.

Nährwertangaben für 1 Portion:

- 99 kcal
- 3 g Eiweiß
- 15 g Kohlenhydrate
- 3 g Fett

Tomatensuppe mit Bulgur und Feta

Vorbereitungszeit: 10 Minuten
Koch-/Backzeit: 25 Minuten

Schwierigkeit: einfach
Portionen: 4

- 1 EL Butterschmalz
- 1 EL Olivenöl
- 1 Zwiebel
- 1 Knoblauchzehe
- 1 TL gemahlener Koriander
- ½ TL gemahlener Zimt
- 1 l Gemüsebrühe
- 100 g roher Bulgur*
- 400 g gehackte Tomaten
- 200 g Feta-Käse
- 1 Handvoll frisches Basilikum
- Salz

Das Butterschmalz zusammen mit dem Olivenöl in einem Topf erhitzen.

Die feingehackte Zwiebel zugeben und bei mittlerer Hitze 6 Minuten anbraten.

Die gepresste Knoblauchzehe zugeben, dann umrühren und den Koriander und den Zimt zugeben. Eine weitere Minute anbraten, mit der Brühe übergießen, den Bulgur dazugeben und in Würfel geschnittene Tomaten zugeben.

Alles zum Sieden bringen und 15 Minuten kochen lassen, bis der Bulgur komplett weich ist. Die Suppe anschließend mit Salz und Pfeffer abschmecken und mit grob geraspeltem Feta und Basilikumblättern servieren.

TIPP Diese Suppe ist dick und sättigend. Ihr kommt also ohne einen zweiten Gang aus.

* Bulgur ist gebrochener Vollkornweizen, der auch bereits vorgekocht verkauft wird, zum Beispiel als Couscous. Für dessen Zubereitung genügen somit heißes Wasser und Gewürze.

Nährwertangaben für 1 Portion:

- 329 kcal
- 12 g Eiweiß
- 32 g Kohlenhydrate
- 17 g Fett

Suppe aus gebackenen Tomaten

Vorbereitungszeit: 25 Minuten
Koch-/Backzeit: 50 Minuten

Schwierigkeit: mittelschwer
Portionen: 4

- 1 Knoblauchknolle
- 2 EL Olivenöl
- 500 g Tomaten
- 1 EL Butterschmalz
- 1 Zwiebel
- 350 ml Gemüsebrühe
- 2 TL getrocknetes Basilikum
- 1 TL getrocknete Paprika
- 2 TL getrockneter Thymian
- 1 TL getrockneter Kümmel
- Salz
- Pfeffer

Den Backofen auf 180 °C vorheizen.

Die Knoblauchknolle nicht schälen, sondern ca. 1 cm von oben abschneiden. Den größeren Teil der Knoblauchknolle mit einem 1 Esslöffel Olivenöl beträufeln, in Alufolie einpacken und zusammen mit den Tomaten auf ein Backblech geben. Die Tomaten noch mit dem restlichen Esslöffel Olivenöl beträufeln und alles in den Ofen schieben. 30–35 Minuten bei 170–180 °C backen.

Den gebackenen Knoblauch 10 Minuten abkühlen lassen und anschließend schälen. Die Knoblauchzehen zusammen mit den Tomaten glattmixen.

In einem mittelgroßen Topf das Butterschmalz schmelzen und die fein gehackte Zwiebel darin anbraten. Die kleingemixten Tomaten und den Knoblauch sowie die Gemüsebrühe in den Topf geben. 10 Minuten köcheln lassen.

Das Basilikum sowie Paprika, Thymian und Kümmel hinzugeben und die Suppe noch ein paar Minuten kochen lassen. Zum Schluss mit Salz und Pfeffer abschmecken und vom Herd nehmen.

TIPP Vor dem Kleinmixen könnt Ihr für einen feineren Suppengeschmack 200 ml Kokosmilch hinzugeben. Serviert die Suppe zum Beispiel mit den Crackern von S. 178.

Nährwertangaben für 1 Portion:

(134 kcal)

(2 g Eiweiß)

(9 g Kohlenhydrate)

(10 g Fett)

Hauptgerichte

Gesund, leicht, einfach zuzubereiten und sehr lecker – all das trifft auf die Rezepte zu, die Euch auf den nächsten Seiten erwarten. Wenn Ihr oft erst am späten Nachmittag kocht, könnt Ihr die Gerichte gut und gerne zum Abendessen und auch am nächsten Tag zum Mittagessen servieren. Es genügt, sie in eine Box zu packen und zur Arbeit oder in die Schule mitzunehmen.

Wir haben mit beliebten und auch weniger bekannten tschechischen und ausländischen Gerichten gespielt.

Wir haben experimentiert und so lange unkonventionelle Kombinationen getestet, bis alles perfekt zusammengepasst hat. Probiert sie mit uns aus – wir versprechen, dass Ihr von den neuen Geschmacksrichtungen angenehm überrascht sein werdet.

Und auf was für Leckerbissen könnt Ihr Euch freuen? Das Kochbuch ist im Herbst entstanden, als Tomaten, rote Bete, Süßkartoffeln und Kürbisse reif waren. Deshalb haben wir an diesen Zutaten nicht gespart. Ihr könnt sie aber auch zu anderen Jahreszeiten kaufen.

Außer Rezepten mit viel Gemüse haben wir auch zahlreiche Fleischgerichte vorbereitet. Wir haben oft mit Putenfleisch gearbeitet, das leicht ist und eine Menge Zink enthält. Auch Fisch und Rindfleisch kommen nicht zu kurz. Dazu werdet Ihr auch neue Beilagen probieren können, wie etwa Naan-Brot oder Minz-Kartoffelbrei. Und lasst auf keinen Fall die Rezepte mit Portobello aus – das sind tolle Champignons, die spielend einfach Fleisch ersetzen. Auch Bananen sind, was den Nährwert anbelangt, nicht zu vernachlässigen.

Lasst uns wissen, wie es Euch schmeckt. :)

Überbackene Zucchini mit Rindfleisch

Vorbereitungszeit: 20 Minuten
Koch-/Backzeit: 45 Minuten

Schwierigkeit: mittelschwer
Portionen: 3

— 1 EL Olivenöl
— ½ weiße Zwiebel
— 500 g hochwertiges Rinderhackfleisch
— 3 Knoblauchzehen
— Salz
— Pfeffer
— 2 TL süße Paprika
— 1 Dose gehackte Tomaten (400 g)
— 6 kleine runde Zucchini
— 60 g geriebener Parmesan
— 1 Avocado
— 1 Handvoll frisch gehackter Schnittlauch

Den Backofen auf 180 °C vorheizen.

In einer tiefen Pfanne einen Esslöffel Olivenöl erhitzen und die fein gehackte weiße Zwiebel bei starker Hitze anbraten.

Das Rinderhackfleisch mit in die Pfanne geben und bei mittlerer Hitze anbraten. Mit gepressten Knoblauchzehen, Salz, Pfeffer und süßer Paprika abschmecken. Zum Schluss eine Dose gehackte Tomaten zugeben (einschließlich der Flüssigkeit), die Pfanne mit einem Deckel verschließen und die Mischung 10–15 Minuten köcheln lassen.

Inzwischen schneiden wir von den Zucchini die Enden ab und höhlen den Rest mit einem Esslöffel aus.

Die Zucchini auf einem mit Backpapier ausgelegten Backblech verteilen, mit der Fleischmischung befüllen und mit Parmesan bestreuen. Das Backblech mit Alufolie zudecken und im vorgeheizten Backofen für 25–30 Minuten bei 170–180 °C überbacken lassen.

Die in Scheiben geschnittene Avocado auf die gehacktem Zucchini legen und alles mit frisch geschnittenem Schnittlauch bestreuen.

TIPP Das ausgehöhlte Innere der Zucchini müsst Ihr nicht wegwerfen. Schneidet es klein oder zerdrückt es und gebt es während des Kochens zur Fleischmischung hinzu.

Nährwertangaben für 1 Portion:

(689 kcal)
(42 g Eiweiß)
(11 g Kohlenhydrate)
(53 g Fett)

Fleischbällchen mit Spaghetti

Vorbereitungszeit: 25 Minuten
Koch-/Backzeit: 30 Minuten

Schwierigkeit: einfach
Portionen: 6

- 400 g Vollkornspaghetti
- 2 EL Olivenöl
- 500 g hochwertiges Rinderhackfleisch
- 150 g Haferflocken
- 2 Eier
- 2 Schalotten
- 300 ml Rinderbrühe
- 600 ml Kokosmilch aus der Dose
- ½ TL geriebene Muskatnuss
- 1 EL getrocknete Petersilie
- 1 EL Kartoffelstärke (kann weggelassen werden)
- Salz
- Pfeffer

Die Spaghetti gemäß der Anleitung auf der Verpackung in Salzwasser kochen.

Das Fleisch in einer großen Schüssel mit Haferflocken, Eiern, Salz, Pfeffer und fein gehackten Schalotten vermischen.

2 Esslöffel Olivenöl in einer großen, tiefen Pfanne erhitzen.

Aus der Mischung Bällchen formen, in die Pfanne legen und nach und nach von allen Seiten anbraten. Aufpassen, dass die Bällchen nicht anbrennen, oder umgekehrt nicht innen roh bleiben.

Nach ca. 15 Minuten alles mit Rinderbrühe übergießen und 5 Minuten bei geschlossenem Deckel kochen lassen. Die Kokosmilch zugeben, die Mischung umrühren und die Pfanne erneut für 10 Minuten mit dem Deckel verschließen. Anschließend Muskatnuss und Petersilie mit in die Soße mischen. Mit Salz und Pfeffer abschmecken.

Die Kartoffelstärke in einer Tasse mit Wasser anrühren und die Mischung unter stetigem Rühren in die Pfanne gießen.

Die Pfanne von der Kochplatte nehmen und die Bällchen mit den gekochten Spaghetti servieren.

TIPP Serviert die Soße mit 2 Teelöffeln getrocknetem Knoblauchgewürz zu Reis.

Nährwertangaben für 1 Portion:

(757 kcal)

(32 g Eiweiß)

(65 g Kohlenhydrate)

(41 g Fett)

Hühnchenrouladen

Vorbereitungszeit: 20 Minuten
Koch-/Backzeit: 30 Minuten

Schwierigkeit: einfach
Portionen: 2

- 2 EL Olivenöl
- 1 Knoblauchzehe
- 1 Prise Chilipulver
- 1 TL gemahlener Rosmarin
- Saft von ½ Zitrone
- 1 Handvoll frischer Koriander (kann durch 1 TL getrockneten Koriander ersetzt werden)
- 3 Hühnerbruststücke
- 1 gelbe Paprika
- 1 rote Paprika
- Salz
- Pfeffer

Zunächst bereiten wir die Marinade zu. Hierzu in einer großen Schüssel Olivenöl, Zitronensaft, gepresste Knoblauchzehe, Chili, Pfeffer, Salz und Koriander vermischen.

Die Hühnerbrust in Längsrichtung aufschneiden und für mindestens eine Stunde in der vorbereiteten Marinade einlegen.

Die Paprika abwaschen und in Streifen schneiden.

Die Fleischscheiben aus der Marinade herausnehmen und in die Mitte jeder Scheibe 4–5 Paprikastreifen legen. Dann zusammenrollen und mit einem Spieß durchstechen.

Die Rouladen auf ein Blech legen und mit der restlichen Marinade bestreichen.

30 Minuten bei 170–180 °C backen.

TIPP Als Beilage empfehlen wir gebackene Kartoffeln oder Vollkornreis.

Nährwertangaben für 1 Portion:

- 278 kcal
- 41 g Eiweiß
- 6 g Kohlenhydrate
- 10 g Fett

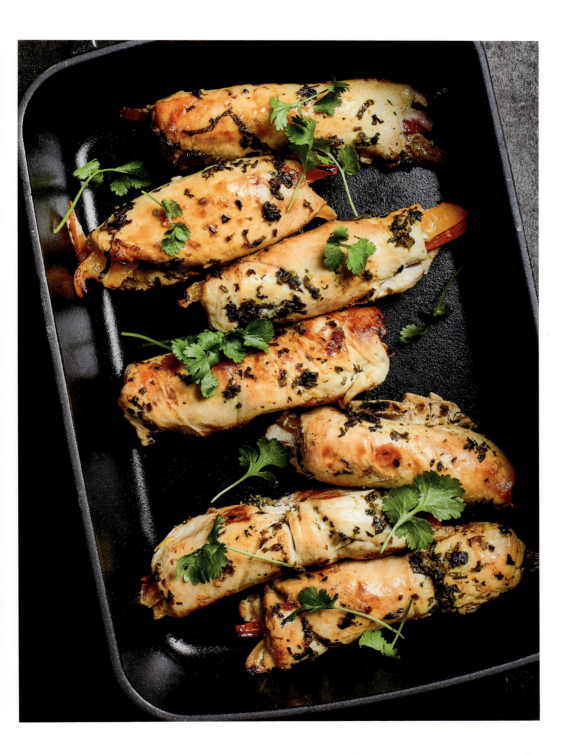

Hühnerspieße mit Tsatsiki

Vorbereitungszeit: 35 Minuten
Koch-/Backzeit: 8 Minuten

Schwierigkeit: einfach
Portionen: 4

- 600 g Hühnerbrust
- Saft von 1 Zitrone
- 1 EL Weinessig*
- 1 EL Olivenöl
- 1 Knoblauchzehe
- 1 TL gemahlener Koriander
- 1 TL gemahlener Oregano

FÜR DAS TSATSIKI
- 150 g Schlangengurke
- 300 g weißer Joghurt
- Saft aus ½ Limette
- 1 Knoblauchzehe
- 1 Prise Salz
- Pfeffer
- 2 EL Olivenöl

Die Hühnerbrust in Würfel schneiden und gemeinsam mit Zitronensaft, Weinessig, Olivenöl, gepresster Knoblauchzehe, gemahlenem Koriander und gemahlenem Oregano in eine Schüssel geben.

Mit den Händen umrühren, damit das Fleisch gleichmäßig umhüllt wird, und die Schüssel in den Kühlschrank stellen.

Die Gurke fein raspeln und mit Joghurt, Limettensaft und gepresster Knoblauchzehe vermischen. Das Tsatsiki mit Salz und Pfeffer abschmecken und vor dem Servieren in den Kühlschrank stellen.

Das Fleisch herausnehmen und die einzelnen Stücke hintereinander auf Spieße aufspießen. Die Spieße in der Pfanne ca. 4–5 Minuten von beiden Seiten in Olivenöl anbraten.

Mit gekühltem Tsatsiki servieren.

TIPP Ihr könnt die Spieße auch auf dem Grill braten.

* Weinessig wird aus Weißwein hergestellt und findet insbesondere in der kalten Küche bei der Zubereitung von Salaten Anwendung.

Nährwertangaben für 1 Portion:

(303 kcal)
(38 g Eiweiß)
(4 g Kohlenhydrate)
(15 g Fett)

Chicken Bowl

Vorbereitungszeit: 30 Minuten
Koch-/Backzeit: 30 Minuten

Schwierigkeit: einfach
Portionen: 4

- 100 g Rote Bete
- 100 g Karotten
- ½ Avocado
- 50 g Quinoa*
- 1 EL Olivenöl
- 100 g Hühnerbrust
- Salz
- Pfeffer
- 100 g vorgekochte Kichererbsen
- 100 g Babyspinat

FÜR DAS DRESSING
- 50 g Mandelbutter
- 1 TL Honig
- 1 EL Limettensaft

Die Kichererbsen auf einem mit Backpapier ausgelegten Backblech verteilen und für 25–30 Minuten im vorgeheizten Backofen bei 160–170 °C backen lassen.

Das Quinoa unter kaltem Wasser abwaschen und in gesalzenem Wasser für die auf der Verpackung angegebene Zeit kochen lassen.

In der Zwischenzeit, bis die Quinoa fertig gekocht ist, die Hühnerbrust in Streifen schneiden und in einem Esslöffel Olivenöl anbraten.

Die Karotten und die Rote Bete fein raspeln und in eine Schüssel geben.

In Scheiben geschnittene Avocado, gebackene Kichererbsen, Babyspinat, Hühnerbrust und Quinoa dazugeben.

Zum Schluss alles mit dem aus Mandelbutter, Honig und Limettensaft zubereiteten Dressing übergießen und mit Salz und Pfeffer abschmecken.

TIPP Ihr könnt die Chicken Bowl auch mit Hummus servieren, das Rezept findet Ihr auf S. 122.

* Quinoa, auch Reismelde genannt, ist eine ballaststoff- und eiweißreiche Getreidesorte. Erhältlich ist sie in drei Varianten – weiß, rot und schwarz, wobei die weiße die feinste Variante ist, die knusprigste Variante ist die schwarze.

Nährwertangaben für 1 Portion:

(354 kcal)
(18 g Eiweiß)
(30 g Kohlenhydrate)
(18 g Fett)

Thai-Hühnchen-Curry

Vorbereitungszeit: 15 Minuten
Koch-/Backzeit: 30 Minuten

Schwierigkeit: einfach
Portionen: 5

- 2 EL Olivenöl
- 2 Schalotten
- 500 g Hühnerbrust
- 2 Stiele Zitronengras (nur der weiße Teil)
- 2 TL Kokos- oder Rohrzucker
- 1 EL grüne Curry-Paste*
- 600 g Kokosmilch aus der Dose
- 200 ml Brühe
- Saft von 1 Limette
- 100 g Erbsenschoten
- 1 cm geriebener frischer Ingwer
- 300 g Soba-Nudeln

Die Nudeln gemäß der Anleitung auf der Verpackung zubereiten.

In einer großen Pfanne 2 Esslöffel Olivenöl erhitzen und die fein gehackten Schalotten darauf anbraten.

Den Zucker und das fein gehackte Zitronengras gemeinsam mit dem geriebenen Ingwer mit in die Pfanne geben.

Das in Würfel geschnittene Hühnerfleisch zusammen mit der Curry-Paste dazugeben, umrühren und ca. 4 Minuten bei mittlerer Hitze braten.

Wir geben nun die Kokosmilch gemeinsam mit der Brühe in die Pfanne und lassen alles bei geschlossenem Deckel 10–12 Minuten lang kochen. Schließlich geben wir die Erbsenschoten mit in die Pfanne und lassen das Ganze für weitere 5 Minuten kochen.

Das Curry zusammen mit den gekochten Nudeln servieren.

TIPP Ihr könnt das Curry auch mit Reis servieren.

* Curry-Paste ist eine Mischung aus Chili-Schoten, Zitronengras, Knoblauch, Ingwer und Weinessig. Sie hat einen sehr scharfen Geschmack und wird insbesondere in der thailändischen Küche verwendet.

Nährwertangaben für 1 Portion:

(358 kcal)
(34 g Eiweiß)
(49 g Kohlenhydrate)
(26 g Fett)

Puten-Portobello-Burger

Vorbereitungszeit: 25 Minuten
Koch-/Backzeit: 30 Minuten

Schwierigkeit: einfach
Portionen: 4

- 450 g Putenhackfleisch
- 1 Schalotte
- 1 TL getrockneter Oregano
- 2 TL getrockneter Thymian
- Salz
- Pfeffer
- 1 TL Kurkuma (oder Curry)
- 4 EL Olivenöl
- 8 Portobello-Pilze*

FÜR DAS AVOCADO-DRESSING
- 1 ½ Avocados
- Salz
- Pfeffer
- 200 g Ricotta
- 1 EL Zitronensaft

Den Backofen auf 180 °C vorheizen.

Die Portobello-Pilze auf ein mit Backpapier ausgelegtes Backblech legen, mit 2 Esslöffel Olivenöl bestreichen und bei 170–180 °C für 15–20 Minuten in den Ofen schieben.

In einer großen Schüssel das Putenfleisch mit der geraspelten Schalotte, Oregano, Thymian, Salz, Pfeffer und Kurkuma vermischen. Aus der Mischung vier gleich große Burger formen, die wir in einer Pfanne mit 2 Esslöffel Olivenöl anbraten. Bei mittlerer Hitze ca. 4–5 Minuten von beiden Seiten anbraten und darauf achten, dass die Burger nicht anbrennen. Die Burger nach dem Braten ein wenig mit dem Messer aufschneiden und kontrollieren, ob sie ausreichend durchgebraten sind.

Bis die Portobello-Pilze fertig gebacken sind, bereiten wir das Avocado-Dressing zu.

Die Avocado mit Ricotta und Zitronensaft kleinmixen. Mit Salz und Pfeffer abschmecken und vorübergehend in den Kühlschrank stellen.

Einen Putenburger, einen Teil des Avocado-Dressings und beliebiges Gemüse, zum Beispiel in Scheiben geschnittene Tomaten, rote Zwiebeln und Spinat zwischen zwei Portobello-Pilze legen. Entsprechend mit allen Portobello-Pilzen verfahren.

TIPP Anstelle von Putenfleisch könnt Ihr Hühnerfleisch verwenden.

* Portobello ist ein Pilz, der sich durch seinen intensiven Geschmack und seine fleischige Konsistenz auszeichnet. Portobellos sind reich an Vitamin B6 und Eiweiß. Sie sind auch besonders reich an Ballaststoffen.

Nährwertangaben für 1 Portion:

- 515 kcal
- 33 g Eiweiß
- 8 g Kohlenhydrate
- 39 g Fett

Putenmischung mit Kichererbsen

Vorbereitungszeit: 15 Minuten
Koch-/Backzeit: 25 Minuten

Schwierigkeit: einfach
Portionen: 4

- 1 EL Olivenöl
- 2 Schalotten
- 2 Knoblauchzehen
- 400 g Hühnerbrust
- 1 EL Dijonsenf
- 1 TL gemahlenes Curry
- 1 TL Cayennepfeffer*
- 1 TL gemahlener Koriander
- 300 g vorgekochte Kichererbsen
- 400 g gehackte Tomaten aus der Dose
- 200 ml Gemüsebrühe
- Salz
- Pfeffer

In einer tiefen Pfanne das Olivenöl erhitzen und die fein gehackten Schalotten darin anbraten. Die Hitze reduzieren und 2 gepresste Knoblauchzehen zugeben.

Die Putenbrust in kleinere Würfel oder Streifen schneiden und mit in die Pfanne geben. Ca. 5 Minuten anbraten und dann Dijon-Senf, Curry, Cayennepfeffer und Koriander zugeben. Alles mit dem Kochlöffel umrühren und weitere 2 Minuten braten lassen.

Die Kichererbsen und die Tomaten mit in die Pfanne geben, umrühren und mit der Brühe übergießen.

Die Mischung 15 Minuten kochen lassen.

Zum Schluss mit Salz und Pfeffer abschmecken.

Mit Reis oder Vollkornnudeln servieren.

TIPP Ihr könnt die Mischung zum Beispiel mit gebackenem Kürbis servieren. Dafür einen Hokkaido-Kürbis putzen, in Würfel schneiden und mit Olivenöl, Oregano, Salz und Pfeffer vermischen. Anschließend auf ein mit Backpapier ausgelegtes Backblech geben und 40 Minuten bei 180 °C backen.

*Cayennepfeffer ist ein aus Cayenneschoten zubereitetes Gewürz. Es ähnelt Chili und außer der Verwendung in der Küche hilft es bei der Behandlung von Krampfadern oder Thrombose.

Nährwertangaben für 1 Portion:

- 437 kcal
- 42 g Eiweiß
- 47 g Kohlenhydrate
- 9 g Fett

Lachs-Tatarsteak

Vorbereitungszeit: 10 Minuten
Koch-/Backzeit: 0 Minuten

Schwierigkeit: einfach
Portionen: 4

- 500 g Lachsfilet ohne Knochen
- 1 EL Senf
- 4 EL grob gehackte Kapern*
- 1 EL gehackter Schnittlauch
- 2 fein gehackte Schalotten
- Salz
- Pfeffer

ZUM SERVIEREN
- 4 Eigelb
- 1 EL Sesam
- 1 Handvoll Feldsalat
- Salz
- Pfeffer

Das Lachsfilet säubern und mit dem Messer fein hacken.

Anschließend Senf, Kapern, Schnittlauch und die Schalotten zum Lachs geben.

Dann umrühren und mit Salz und Pfeffer abschmecken.

Das Lachs-Tatarsteak in vier gleich große Portionen zerteilen. Auf jede Portion ein rohes Eigelb geben, mit Sesam bestreuen, mit Feldsalat garnieren und gegebenenfalls mit Salz und Pfeffer abschmecken.

TIPP Mischt eine Handvoll getrockneten Dill in das Tatarsteak.

* Kapern sind geschlossene Knospen, die vom Echten Kapernstrauch stammen. Sie gehören zum Gemüse und im Geschäft finden wir sie meistens in Salzlake oder Weinessig eingelegt.

Nährwertangaben für 1 Portion:

(352 kcal)

(28 g Eiweiß)

(6 g Kohlenhydrate)

(24 g Fett)

Lachs mit Mohnkruste

Vorbereitungszeit: 15 Minuten
Koch-/Backzeit: 25 Minuten

Schwierigkeit: einfach
Portionen: 2

— 2 Lachssteaks
— 3 EL Mohn
— Salz

FÜR DEN SALAT
— **60 g Vollkorn-Couscous**
— **1 EL Olivenöl**
— **Kerne aus ½ Granatapfel**
— **50 g Babyspinat**
— **50 g Feldsalat**

Den Backofen auf 170 °C vorheizen.

Beide Lachsscheiben reichlich (von der Seite ohne Haut her) mit Mohnsamen bestreuen, mit der Haut nach unten auf ein mit Backpapier ausgelegtes Backblech legen und für 20–25 Minuten bei 160–170 °C im Backofen backen lassen.

Das Couscous in eine Schüssel füllen, eine Prise Salz dazugeben, bis auf ca. 1,5 cm über das Couscous heißes Wasser gießen und zur Seite stellen, bis das gesamte Wasser aufgesogen ist.

In das Couscous einen Esslöffel Olivenöl untermischen, dann in einer Schüssel mit dem Babyspinat, dem Feldsalat und dem Granatapfel vermischen, und fertig ist der Salat.

Den Lachs nach dem Backen aus dem Ofen nehmen und beide Lachsscheiben mit Salz bestreuen. Jede Lachsscheibe mit der Hälfte des zubereiteten Salats servieren.

TIPP Ihr könnt den Lachs vor dem Servieren mit Limettensaft beträufeln.

Nährwertangaben für 1 Portion:

571 kcal

38 g Eiweiß

26 g Kohlenhydrate

35 g Fett

Forelle mit Chili und Limette zu warmem Bulgursalat

Vorbereitungszeit: 15 Minuten
Koch-/Backzeit: 10 Minuten

Schwierigkeit: mittelschwer
Portionen: 2

- 2 Forellenfilets
- Salz
- Pfeffer
- 3 EL Olivenöl
- 2 EL Limettensaft
- Schale von 1 Limette
- 2 Knoblauchzehen
- ¼ TL Chilipulver

FÜR DEN SALAT
- 100 g Bulgur
- 100 g getrocknete Preiselbeeren*
- 1 Handvoll frische Minze

Zunächst den Backofen auf 150 °C vorheizen und den Bulgur gemäß der Anleitung auf der Packung kochen.

Die Filets abwaschen, abtrocknen und von beiden Seiten salzen. 2 Esslöffel Limettensaft mit der Limettenschale, den gepressten Knoblauchzehen sowie 2 Esslöffel Olivenöl, ¼ Teelöffel Chili und Pfeffer in einer Schüssel vermischen. Die Schüssel zur Seite stellen.

In einer Pfanne 1 Esslöffel Olivenöl erhitzen, die Forelle mit der Haut nach unten darauflegen und 3–4 Minuten anbraten.

Die Forelle wenden, mit der vorbereiteten Limettenmarinade übergießen und weitere 2 Minuten braten.

Anschließend die Pfanne sofort in den vorgeheizten Backofen geben und die Forelle 4–5 Minuten bei 140–150 °C fertig backen.

Für die Zubereitung des Salats den gekochten Bulgur mit Preiselbeeren und Minze vermischen und den fertigen Salat zur Forelle servieren.

*Wenn Ihr frische Preiselbeeren auftreiben könnt, ersetzt 100 g getrocknete durch 200–250 g frische Preiselbeeren.

Nährwertangaben für 1 Portion:
- 594 kcal
- 30 g Eiweiß
- 69 g Kohlenhydrate
- 22 g Fett

Zander mit Spinat, Mandeln und Apfel

Vorbereitungszeit: 15 Minuten
Koch-/Backzeit: 9 Minuten

Schwierigkeit: mittelschwer
Portionen: 4

— 4 Zanderfilets
— 2 EL Olivenöl
— 1 EL Butterschmalz
— 1 Prise gemahlener Kümmel
— Pfeffer
— Salz

FÜR DEN SALAT
— 100 g Cherry-Tomaten
— 100 g Babyspinat
— 100 g gehobelte Mandeln
— 1 kleiner grüner Apfel
— 2 EL Olivenöl
— 1 TL Balsamico
— 1 EL Ahornsirup

Zunächst bereiten wir den Salat zu. Die Cherry-Tomaten in Hälften schneiden, den Spinat grob hacken und den Apfel in feine Scheiben schneiden. Anschließend alles in einer Salatschüssel vermischen, die gehobelten Mandeln zugeben und mit einem Dressing übergießen, das wir aus 2 Esslöffel Olivenöl, 1 Teelöffel Balsamico und 1 Esslöffel Ahornsirup anrühren.

Den Zander mit Wasser abwaschen, abtrocknen und mit Kümmel, Pfeffer und Salz bestreuen.

In einer Pfanne 2 Esslöffel Olivenöl zusammen mit dem Butterschmalz erhitzen.

Den Zander mit der Haut nach unten in die Pfanne legen und bei mittlerer Hitze 4 Minuten anbraten. Anschließend die Filets wenden und weitere 5 Minuten braten, danach sofort von der Platte nehmen.

TIPP Ihr könnt zu Zander und Salat auch Quinoa, Reis oder Bulgur als Beilage servieren.

Nährwertangaben für 1 Portion:

(504 kcal)
(45 g Eiweiß)
(9 g Kohlenhydrate)
(32 g Fett)

Garnelen mit Minz-Kartoffelbrei

Vorbereitungszeit: 25 Minuten
Koch-/Backzeit: 20 Minuten

Schwierigkeit: einfach
Portionen: 2

- 1 EL Olivenöl
- 1 Knoblauchzehe
- 200 g geschälte Garnelen
- 300 g Kartoffeln
- 100 g Zuckererbsen
- 1 Handvoll frische Minzblätter
- 100 ml lauwarme Milch
- 1 EL Ghee*
- Salz
- Pfeffer

Die Kartoffeln schälen, in kleinere Würfel schneiden und in gesalzenem Wasser 15–20 Minuten weichkochen lassen.

In einer Pfanne das Olivenöl erhitzen, die gepresste Knoblauchzehe zugeben und ca. 1 Minute anbraten.

Anschließend die abgewaschenen Garnelen in die Pfanne legen und bei mittlerer Hitze kurz anbraten. Für die Garnelen reichen etwa 1–2 Minuten von jeder Seite.

Die Garnelen vom Herd nehmen und bei geschlossenem Deckel zur Seite stellen.

Die gekochten Kartoffeln abgießen und unter Zugabe von lauwarmer Milch und geschmolzenem Ghee kleinstampfen. Die grob gehackte Minze und die Zuckererbsen mit in den fertigen Brei geben.

Den Brei mit Salz und Pfeffer abschmecken und mit den Garnelen servieren.

TIPP Garnelen und Brei mit etwas Öl aus der Pfanne, in dem die Garnelen gebraten wurden, übergießen.

* Ghee oder Butterschmalz ist auf traditionelle Weise durch Aufkochen behandelte Butter. Beim Kochen wird der Butter Wasser und überschüssiges Eiweiß entzogen.

Der Hauptvorteil von Ghee ist, dass es längere Zeit gelagert werden kann und dass es beim Kochen und Backen höhere Temperaturen aushält.

Nährwertangaben für 1 Portion:

- 403 kcal
- 31 g Eiweiß
- 36 g Kohlenhydrate
- 15 g Fett

Garnelen mit Spargel

Vorbereitungszeit: 20 Minuten
Koch-/Backzeit: 15 Minuten

Schwierigkeit: mittelschwer
Portionen: 4

— 240 g Wildreis*
— 400 g Garnelen
— Saft von 1 Zitrone
— 3 EL Olivenöl
— 3 Knoblauchzehen
— 300 g Spargel
— 250 ml Brühe
— ½ TL Maisstärke
— Salz
— Pfeffer

Den Wildreis in gesalzenem Wasser gemäß der Anleitung auf der Packung kochen.

3 Esslöffel Olivenöl in einer Pfanne erhitzen. Die Garnelen zugeben und 3 Minuten von jeder Seite anbraten.

Die gepressten Knoblauchzehen zusammen mit kleingeschnittenem Spargel, Zitronensaft, Salz und Pfeffer zu den Garnelen zugeben. 2 Minuten braten.

Die Brühe mit in die Pfanne geben und bei geschlossenem Deckel ca. 5 Minuten kochen lassen.

Die Stärke in einer Tasse mit 2 Esslöffel Wasser anrühren und unter stetigem Rühren in die Pfanne gießen.

Die Pfanne vom Herd nehmen. Die Garnelen und den Spargel zusammen mit dem Wildreis servieren.

TIPP Verwendet, um die Zubereitungszeit zu verkürzen, bereits geschälte Garnelen.

* Wildreis, auch Indianerreis genannt, stammt von den Samen des nordamerikanischen Wasserreises. Er ist von Natur aus glutenfrei und hat einen niedrigeren glykämischen Index als andere Reissorten.

Nährwertangaben für 1 Portion:

(458 kcal)
(36 g Eiweiß)
(47 g Kohlenhydrate)
(14 g Fett)

Gedünstete Miesmuscheln

Vorbereitungszeit: 25 Minuten
Koch-/Backzeit: 12 Minuten

Schwierigkeit: schwierig
Portionen: 4

— 1 Knoblauchzehe
— 2 Schalotten
— 400 g gehackte Tomaten
— 1,5 kg Miesmuscheln
— 80 g Butterschmalz
— Saft von ½ Zitrone
— 1 Handvoll frischer Estragon* (wenn Ihr keinen habt, kann er weggelassen werden)
— 1 Handvoll fein gehackte Petersilie
— Vollkorngebäck
— Salz
— Pfeffer

Ca. 20 g Butterschmalz in einer tiefen Pfanne erhitzen. Die gepresste Knoblauchzehe und die grob gehackten Schalotten darauf anbraten.

Nach ca. 3 Minuten die gehackten Tomaten zugeben und weitere 2 Minuten köcheln lassen.

Jetzt die Miesmuscheln zugeben und umrühren.

Mit 300 ml Wasser übergießen und bei geschlossenem Deckel 4 Minuten dünsten lassen.

Die Pfanne vom Herd nehmen und den Rest Butterschmalz, Zitronensaft, Estragon und Petersilie untermischen. Alles umrühren.

Die Miesmuscheln mit Salz und Pfeffer abschmecken und mit Vollkornbrot servieren.

TIPP Zu Miesmuscheln passen auch hervorragend Vollkornspaghetti.

* Estragon, auch Dragon oder Dragun genannt, ist ein Kraut mit leicht bitterlichem, pikantem Geschmack. Es wird zum Beispiel zum Abschmecken von Suppen oder Fleisch verwendet.

Nährwertangaben für 1 Portion:

(396 kcal)
(36 g Eiweiß)
(9 g Kohlenhydrate)
(24 g Fett)

Portobello-Steaks mit Avocado-Soße und Kartoffeln

Vorbereitungszeit: 30 Minuten
Koch-/Backzeit: 30 Minuten

Schwierigkeit: einfach
Portionen: 4

FÜR DIE STEAKS
- 4 Portobello-Pilze
- 2 EL Olivenöl
- Saft von 1 Orange
- Saft von ½ Zitrone
- ½ TL getrockneter Thymian
- Salz
- Pfeffer

BEILAGE
- 500 g Kartoffeln
- 1 EL Ghee
- 1 Handvoll frische Petersilie

FÜR DIE SOSSE
- 2 Avocados
- 1 Handvoll gehackte Frühlingszwiebel
- 2 Knoblauchzehen
- 1 EL Olivenöl
- Saft von ½ Zitrone
- Salz
- Pfeffer

Die Kartoffeln schälen und in gesalzenem Wasser weichkochen.

Wir bereiten eine Marinade aus Olivenöl, Orangensaft, Zitronensaft, Thymian, Salz und Pfeffer zu. Darin legen wir die gereinigten Portobellos ein – wir lassen sie im selben Gefäß, decken sie nur zu und lassen sie für ca. 20 Minuten stehen.

Inzwischen bereiten wir die Soße zu.

Die Avocados in Würfel schneiden, in eine Schüssel geben und mit der Gabel zerdrücken.

Die gepressten Knoblauchzehen, das Olivenöl, den Saft von ½ Zitrone und die Frühlingszwiebel zugeben.

Mit Salz und Pfeffer abschmecken.

Die Portobellos aus der Marinade herausnehmen und bei mittlerer Hitze ca. 4 Minuten von jeder Seite in der Pfanne anbraten. Die gekochten Kartoffeln mit Butterschmalz und Petersilie vermischen. Die Portobellos mit der Soße übergießen und mit den zubereiteten Kartoffeln servieren.

TIPP Die Portobellos könnt Ihr auch mit einer kleineren Menge Olivenöl auf einem Rost grillen.

Nährwertangaben für 1 Portion:

476 kcal

7 g Eiweiß

31 g Kohlenhydrate

36 g Fett

Rote-Bete-Burger mit Avocado-Semmel

Vorbereitungszeit: 50 Minuten
Koch-/Backzeit: 25 Minuten

Schwierigkeit: schwierig
Portionen: 4

FÜR DIE BURGER
— 300 g vorgekochte Rote Bete
— 2 Schalotten (oder 1 kleine Zwiebel)
— 1 TL Senf
— 2 TL getrockneter Thymian
— 120 g glattes Buchweizenmehl
— 50–100 ml Milch
— 1 Ei
— 1 Knoblauchzehe
— Salz
— Pfeffer
— 2 EL Olivenöl

FÜR DIE SEMMELN
— 5 Eiweiß
— 2 Avocados
— 70 g fein gemahlenes Vollkorn-Dinkelmehl
— ½ TL Backpulver
— 1 EL gemahlene Leinsamen
— 20 g Sesamsamen

FÜR DAS JOGHURTDRESSING
— 200 g weißer Joghurt
   (am besten mit 3 % Fett oder mehr)
— Salz
— Pfeffer
— 1 Knoblauchzehe
— 1 TL getrocknetes Basilikum

Nährwertangaben für 1 Portion:

(643 kcal)
(17 g Eiweiß)
(56 g Kohlenhydrate)
(39 g Fett)

Den Backofen zum Backen der Avocado-Semmeln auf 170 °C vorheizen.

Eine große Schüssel zur Hand nehmen und die vorgekochte Rote Bete und beide Schalotten hineinreiben. Den Senf sowie Thymian, Mehl, Milch, Ei und eine gepresste Knoblauchzehe zugeben. Mit den Händen einen Teig kneten, aus dem wir Burger formen.

Falls der Teig zu dünn ist, streuen wir etwas Buchweizenmehl hinzu. 2 Esslöffel Olivenöl in einer Pfanne erhitzen.

Aus dem Teig Kugeln formen, die wir in die Pfanne legen und von oben mit der Hand flachdrücken. Der Teig reicht für ca. 4 Burger. Anschließend bereiten wir die Avocado-Semmeln zu. Die Avocados glattmixen. Das Eiweiß aufschlagen – ca. 1 Minute schlagen genügt. Das Backpulver hinzugeben und zu einem steifen Schnee aufschlagen. In den Eischnee vorsichtig die kleingemixten Avocados, das Mehl und die Leinsamen einrühren. Langsam rühren, bis alle Zutaten sich verbinden. Auf einem mit Backpapier ausgelegten Backblech mit Hilfe eines Esslöffels 4 gleich große Kreise formen. Mit Sesamsamen bestreuen und in den Ofen geben. Ca. 12–15 Minuten bei 170 °C backen. Die Burger mit Joghurtdressing und beliebigem Gemüse servieren.

TIPP Avocado-Semmeln sind eine hervorragende Alternative zu herkömmlichen Brötchen.

Nudeln mit Blumenkohl-Kürbis-Soße

Vorbereitungszeit: 20 Minuten
Koch-/Backzeit: 45 Minuten

Schwierigkeit: einfach
Portionen: 4

- 240 g Vollkornnudeln
- 300 g Butterkürbis (oder Hokkaido)
- 1 Paprika
- 1 mittelgroßer Blumenkohl, in Röschen zerteilt
- 3 EL Olivenöl
- 2 Knoblauchzehen
- 1 EL Hefeflocken*
- 200 ml Gemüsebrühe
- Salz
- Pfeffer

ZUM BESTREUEN
- 1 Handvoll frische Petersilie
- 100 g Walnüsse

Den Backofen auf 180 °C vorheizen.

Die Nudeln gemäß der Anleitung auf der Verpackung zubereiten.

Die Paprika und den Kürbis schälen, kleinschneiden und zusammen mit den Blumenkohlröschen auf einem mit Backpapier ausgelegten Backblech ausbreiten.

Mit 3 Esslöffel Öl begießen, salzen, pfeffern und im vorgeheizten Ofen für 35–40 Minuten bei 170–180 °C backen.

Das Gemüse abkühlen lassen, anschließend in den Mixer geben und zusammen mit Knoblauch, Hefeflocken und Gemüsebrühe glattmixen. Die fertige Soße mit den Nudeln vermischen, in vier Portionen aufteilen und mit Petersilie und Nüssen bestreuen.

TIPP Ihr könnt die Soße statt mit Vollkornnudeln zum Beispiel mit Quinoa, Buchweizen oder Reis servieren.

* Hefeflocken sind Hefe, die nicht für die Zubereitung von Hefeteig, sondern zum Abschmecken von Gerichten verwendet wird – Suppen, Soßen oder Nudeln. Geschmacklich erinnern sie an Parmesan.

Nährwertangaben für 1 Portion:

528 kcal

12 g Eiweiß

57 g Kohlenhydrate

28 g Fett

Nudeln mit Brokkoli-Soße

Vorbereitungszeit: 15 Minuten
Koch-/Backzeit: 20 Minuten

Schwierigkeit: einfach
Portionen: 4

— 400 g Vollkorn- oder Roggennudeln (Penne, Spaghetti, Pipe)
— 500 g Brokkoli
— 3 Knoblauchzehen
— 2 EL Olivenöl
— 80 g Parmesan
— 50 g Feldsalat (kann durch Rucola, Spinat o. Ä. ersetzt werden)
— 100 g grob gehackte Walnüsse
— Salz
— Pfeffer

Die Nudeln in gesalzenem Wasser für die auf der Verpackung angegebene Zeit kochen.

In einem großen Topf Salzwasser zum Sieden bringen, den Brokkoli in Röschen zerteilen und ca. 5–7 Minuten im Topf weichkochen lassen.

Den Brokkoli aus dem Topf nehmen und zusammen mit Knoblauch, Olivenöl, einer Prise Salz, Pfeffer und Parmesan in den Mixer geben.

Ca. 2 Minuten mixen, sodass keine großen Brokkoli-Stücke in der Soße verbleiben.

Die Soße mit den gekochten Nudeln vermischen, mit dem Feldsalat und den Walnüssen bestreuen und servieren.

TIPP Ihr könnt die Nudeln zum Schluss mit Limettensaft beträufeln.

Nährwertangaben für 1 Portion:

(695 kcal)
(25 g Eiweiß)
(79 g Kohlenhydrate)
(31 g Fett)

Vollkorn-Penne mit Thunfisch

Vorbereitungszeit: 10 Minuten
Koch-/Backzeit: 35 Minuten

Schwierigkeit: einfach
Portionen: 5

— 350 g Vollkorn-Penne (oder andere Nudeln)
— 2 EL Olivenöl
— 1 Schalotte
— 2 Knoblauchzehen
— ½ TL Chilipulver
— 3 EL Tomatenmark
— 500 geschälte gehackte Tomaten
— 300 g Thunfisch aus der Dose (abgegossen)
— 1 Handvoll frisches Basilikum
— Salz

Die Vollkornnudeln in gesalzenem Wasser für die auf der Verpackung angegebene Zeit kochen.

2 Esslöffel Olivenöl in einer Pfanne erhitzen, die fein gehackte Schalotte hinzugeben und 3 Minuten anbraten. Die gepressten Knoblauchzehen, sowie Chili, Tomatenmark und Thunfisch zur angebratenen Schalotte hinzugeben, mit dem Kochlöffel umrühren und alles 5 Minuten köcheln lassen. Die gehackten Tomaten zugeben, umrühren und zusammen 5 Minuten kochen lassen.

Die gekochten Nudeln abgießen, mit zum Thunfisch in die Pfanne geben und mit zwei Kochlöffeln so umrühren, dass alles gleichmäßig vermischt wird.

Mit frisch gehacktem Basilikum servieren.

TIPP Jede Portion kann mit einer Handvoll geriebenem Parmesan bestreut werden.

Nährwertangaben für 1 Portion:

(348 kcal)
(22 g Eiweiß)
(47 g Kohlenhydrate)
(8 g Fett)

Zucchini-Spaghetti

Vorbereitungszeit: 15 Minuten
Koch-/Backzeit: 20 Minuten

Schwierigkeit: einfach
Portionen: 1

- **1 Zucchini**
- **1 EL Olivenöl**
- **1 Paprika**
- **100 g Cherry-Tomaten**
- **1 EL Balsamico**
- **1 Prise Salz**
- **1 Prise Pfeffer**
- **1 TL getrockneter Oregano**
- **1 Handvoll frisches Basilikum**

Den Backofen auf 190 °C vorheizen.

Die rohe Zucchini abwaschen und mit dem Schäler in Längsrichtung in lange dünne Scheiben schneiden. Sofern ihr einen Spiralschneider zu Hause habt, bereitet die Zucchini im damit zu.

Die Paprika in Würfel schneiden und zusammen mit Cherry-Tomaten, Balsamico, Olivenöl, Salz, Pfeffer und Oregano in eine kleinere Backpfanne geben.

Alles in der Backpfanne vermischen und 20–25 Minuten bei 180–190 °C backen lassen.

Das Gemüse aus der Backpfanne mit der Zucchini vermischen, mit Basilikum bestreuen und servieren.

TIPP Durch die Zucchini-Spaghetti könnt Ihr bei der Zubereitung von Hauptgerichten auch gewöhnliche Spaghetti ersetzen.

Nährwertangaben für 1 Portion:

- 223 kcal
- 5 g Eiweiß
- 17 g Kohlenhydrate
- 15 g Fett

Rote-Bete-Risotto

Vorbereitungszeit: 15 Minuten
Koch-/Backzeit: 40 Minuten

Schwierigkeit: einfach
Portionen: 4

- 2 EL Olivenöl
- 1 mittelgroße Zwiebel
- 2 Knoblauchzehen
- 140 g roher Arborio-Reis (oder Vollkornreis)*
- 800 ml Gemüsebrühe
- 250 g geriebene vorgekochte Rote Bete
- 1 EL Butterschmalz
- Salz
- Pfeffer
- 2 TL getrockneter Rosmarin

2 Esslöffel Olivenöl in einer großen Pfanne erhitzen. Die feingehackte Zwiebel in die Pfanne geben und bei mittlerer Hitze 4 Minuten anbraten. Die Knoblauchzehen pressen, mit in die Pfanne geben und 1 Minute braten lassen.

Den Reis mit in die Pfanne schütten und unter stetigem Rühren 3-4 Minuten anbraten, bis die Ränder glasig werden. Nun streuen wir den Rosmarin zu, rühren erneut um, geben die geriebene Rote Bete dazu und übergießen alles mit ca. 150 ml Brühe. Wir lassen die Brühe einziehen und wiederholen den Vorgang, bis die gesamte Brühe verbraucht ist.

Wir probieren den Reis und falls er noch nicht gar ist, gießen wir Wasser oder Brühe zu.

Das Risotto mit Salz und Pfeffer abschmecken und mit einem Esslöffel Butter verfeinern.

TIPP Serviert das Risotto mit einer Handvoll geriebenem Parmesan.

* Wenn Ihr Vollkornreis verwendet, wird die Zubereitung des Risotto etwas länger dauern als mit Arborio-Reis.

Nährwertangaben für 1 Portion:

(274 kcal)

(5 g Eiweiß)

(41 g Kohlenhydrate)

(10 g Fett)

Olivenpuffer

Vorbereitungszeit: 15 Minuten
Koch-/Backzeit: 15 Minuten

Schwierigkeit: einfach
Portionen: 5

— 200 g fein gemahlenes Vollkorn-Dinkelmehl
  + 50 g zum Bestreuen des Nudelbretts
— 170 g Buchweizenmehl*
— 3 TL Backpulver
— 1 TL Salz
— 1 TL getrockneter Oregano
— 100 g grüne Oliven
— 50 g getrocknete Tomaten in Olivenöl
— 3 EL Olivenöl
— 300 g weißer oder 400 g griechischer Joghurt

Den Backofen auf 200 °C vorheizen.
Die Oliven und die getrockneten Tomaten fein hacken und in einer großen Schüssel mit allen anderen Zutaten vermischen.
Einen Teig ausarbeiten, der in acht gleich große Stücke aufgeteilt wird, und aus den Teigstücken auf einem mehlbestäubten Nudelbrett ca. 1 cm hohe Puffer ausrollen.
Die Puffer auf einem mit Backpapier ausgelegten Backblech verteilen und in den Ofen geben.
Dann ca. 15 Minuten bei 190–200 °C backen.
TIPP Zum Beispiel mit Hummus servieren, den Ihr auf S. 122 findet.
* Buchweizenmehl hat einen hohen Gehalt an Kalium, Calcium, Eisen und Zink. Es eignet sich für die Entgiftung des Organismus und hilft bei Magengeschwüren.

Nährwertangaben für 1 Portion:

(424 kcal)
(10 g Eiweiß)
(60 g Kohlenhydrate)
(16 g Fett)

Pizza mit Quinoa-Boden

Vorbereitungszeit: 30 Minuten
Koch-/Backzeit: 30 Minuten

Schwierigkeit: mittelschwer
Portionen: 8

FÜR DEN BODEN
- 150 g weiße Quinoa in rohem Zustand
- 1 TL Backpulver
- 2 EL Olivenöl
- 1 Prise Salz
- 1 EL Hefeflocken
- 1 TL getrockneter Oregano

FÜR DAS TOPPING/DEN BELAG
- 2 EL Basilikumpesto*
- 3 Eier
- 1 Handvoll Babyspinat
- 30 g vorgekochter Mais
- 100 g Cherry-Tomaten
- 1 Avocado

Die Quinoa mit 400 ml heißem Wasser übergießen und das Wasser am besten über Nacht einziehen lassen.

Den Backofen auf 180 °C vorheizen.

Überschüssiges Wasser aus der Quinoa abgießen und diese gemeinsam mit Backpulver, Olivenöl, Salz, Hefeflocken, Oregano und 50 ml frischem Wasser in den Mixer geben.

Glattmixen und den Teig in eine runde, mit Backpapier ausgelegte Backform füllen.

Den Boden 18–20 Minuten im vorgeheizten Backofen bei 170–180 °C backen lassen. Den Boden nach 20 Minuten Backzeit mit Basilikumpesto bestreichen und mit Mais und halbierten Cherry-Tomaten bestreuen.

Die Pizza für weitere 10 Minuten in den Ofen stellen.

Die Pizza erneut herausnehmen, darauf drei Eier aufschlagen und für weitere 10 Minuten in den Ofen schieben.

Die fertige Pizza mit dem Babyspinat bestreuen, mit der in Scheiben geschnittenen Avocado belegen, in 8 Stücke zerschneiden und servieren.

TIPP Die Pizza kann auch mit einem anderen Belag zubereitet werden. Backt den Boden entsprechend dem Rezept für eine Dauer von 20 Minuten, bestreicht ihn mit Rote-Bete-Hummus (S. 126), bestreut ihn mit Rucola und frischem Ziegenkäse.

* Das Rezept für Basilikumpesto findet Ihr auf S. 134.

Nährwertangaben für 1 Portion:
- 210 kcal
- 6 g Eiweiß
- 15 g Kohlenhydrate
- 14 g Fett

Überbackene Tomaten mit Schnittlauch und Parmesan

Vorbereitungszeit: 10 Minuten
Koch-/Backzeit: 20 Minuten

Schwierigkeit: einfach
Portionen: 8

— 8 Fleischtomaten
— 8 Eier
— 50 g geriebener Parmesan
— 1 Handvoll frisch gehackter Schnittlauch
— 80 g Sonnenblumenkerne
— Salz
— Pfeffer

Den Backofen auf 180 °C vorheizen.
Die Tomaten abwaschen, dann den oberen Teil abschneiden und den Rest aushöhlen.
In jede Tomate ein aufgeschlagenes Ei geben. Die Tomaten salzen, pfeffern und mit Parmesan und Sonnenblumenkernen bestreuen.
Die Tomaten auf einem mit Backpapier ausgelegten Backblech verteilen und für 20 Minuten bei einer Temperatur von 170–180 °C backen lassen. Nach dem Backen mit Schnittlauch bestreuen und servieren.
TIPP Serviert die Tomaten als Snack zum Beispiel zu den Crackern von S. 178.

Nährwertangaben für 1 Portion:

360 kcal

22 g Eiweiß

14 g Kohlenhydrate

14 g Fett

Blumenkohlschnitzel

Vorbereitungszeit: 10 Minuten
Koch-/Backzeit: 25 Minuten

Schwierigkeit: mittelschwer
Portionen: 3

— 1 Blumenkohl
— 1 Ei
— 150 g Mozzarella
— 1 Prise Salz
— 1 TL gemahlenes Basilikum
— 60 g gemahlener Parmesan

Den Blumenkohl abwaschen, fein raspeln und in eine Schüssel geben. Die Schüssel für ca. 4 Minuten in die Mikrowelle stellen, damit der Blumenkohl trocknet. Den Blumenkohl nach 4 Minuten mit einer Gabel durchmischen und für weitere 7 Minuten in die Mikrowelle stellen.

Den Blumenkohl abkühlen lassen und anschließend mit Ei, Salz, Basilikum und Parmesan vermischen.

Auf einem mit Backpapier ausgelegten Backblech 4 gleich große Vierecke aus dem Teig formen und im vorgeheizten Backofen 20 Minuten backen lassen.

Das Backblech herausnehmen, zwei Vierecke mit in Scheiben geschnittenem Mozzarella belegen und anschließend die restlichen zwei Vierecke darauflegen.

Erneut für ca. 5 Minuten backen lassen.

TIPP Die Blumenkohlschnitzel zum Beispiel mit Kartoffelbrei servieren.

Nährwertangaben für 1 Portion:

(240 kcal)
(19 g Eiweiß)
(5 g Kohlenhydrate)
(16 g Fett)

Gebackene Süßkartoffeln mit Honig und Joghurt

Vorbereitungszeit: 15 Minuten
Koch-/Backzeit: 80 Minuten

Schwierigkeit: mittelschwer
Portionen: 2

- 1 Süßkartoffel*
- 1 EL Kokosöl
- 1 Apfel
- 1 TL gemahlener Zimt
- 1 EL Honig
- 100 g Walnüsse
- 200 g griechischer Joghurt

Den Backofen auf 180 °C vorheizen.

Die Süßkartoffel abwaschen, in Längsrichtung aufschneiden und auf ein mit Backpapier ausgelegtes Backblech legen. Ca. 1 Stunde im Backofen backen.

Inzwischen in einer Pfanne das Kokosöl erhitzen und den in feine Scheiben geschnittenen Apfel zugeben. Etwa 2 Minuten anbraten, anschließend die Apfelscheiben mit Zimt bestreuen und mit Honig beträufeln. Weitere 10 Minuten braten und von der Kochplatte nehmen.

In einer zweiten Pfanne die Walnüsse trocken anbraten. Die gebackene Süßkartoffel aus dem Backofen nehmen, mit Hilfe von zwei Gabeln in der Mitte öffnen, mit den Apfelscheiben befüllen, mit Nüssen bestreuen und mit griechischem Joghurt servieren.

TIPP Die Süßkartoffel kann auch mit einer anderen Obstsorte gefüllt werden. Versucht zum Beispiel eine Birne anstelle von einem Apfel und gebt ½ Teelöffel Kardamom dazu.

* Süßkartoffeln, auch Bataten genannt, werden in den tropischen Gebieten Amerikas angebaut. Sie haben einen typisch süßlichen Geschmack und ihre Verwendung in der Küche ist vielfältig. Sie werden z. B. für das Backen von süßen Desserts, für die Zubereitung von Suppen oder für Pommes verwendet.

Nährwertangaben für 1 Portion:

(537 kcal)

(19 g Eiweiß)

(32 g Kohlenhydrate)

(37 g Fett)

Vollkorn-Naan

Vorbereitungszeit: 25 Minuten
Koch-/Backzeit: 12 Minuten

Schwierigkeit: einfach
Portionen: 4

- 1 EL Trockenhefe
- 1 TL Kokosblütenzucker
- 360 g fein gemahlenes Vollkorn-Dinkelmehl
- 4 EL Olivenöl
- 2 EL Joghurt
- 1 TL Salz

In einer Tasse 150 ml heißes Wasser, Zucker und Hefe vermischen. Mit einem Geschirrtuch abdecken und etwa 10 Minuten gehen lassen.
Inzwischen das Mehl in eine große Schüssel streuen.
2 Esslöffel Olivenöl, 2 Esslöffel Joghurt, 1 Teelöffel Salz und zuletzt die Hefemischung zum Mehl zugeben.
 Einen Teig zubereiten. Aus dem Teig eine Kugel formen und mit 2 Esslöffel Olivenöl bestreichen.
 Den Teig mit einem Geschirrtuch abdecken und für die Dauer von 60–90 Minuten an einem warmen Ort gehen lassen. Den aufgegangenen Teig ca. 5 Minuten durchkneten und in kleinere Kugeln aufteilen.
 Aus jeder Kugel auf einem mehlbestäubten Nudelbrett einen Fladen formen.
 Die Fladen auf einem mit Backpapier ausgelegten Backblech verteilen und ca. 12 Minuten bei 170–180 °C backen.
 TIPP Habt Ihr eine hochwertige Pfanne? Darin könnt Ihr das Brot auch trocken braten.

Nährwertangaben für 1 Portion:

456 kcal

9 g Eiweiß

69 g Kohlenhydrate

16 g Fett

Süßkartoffel-Falafel

Vorbereitungszeit: 15 Minuten
Koch-/Backzeit: 35 Minuten

Schwierigkeit: mittelschwer
Portionen: 4

- 60 g Quinoa
- 400 g vorgekochte Kichererbsen
- 1 Schalotte
- 150 g Süßkartoffelpüree*
- 1 Handvoll Petersilie
- 1 Handvoll frischer Koriander
- 200 g Haferflockenmehl
- Salz
- Pfeffer

Den Backofen auf 170 °C vorheizen.

Die Quinoa gemäß der Anleitung auf der Packung kochen.

Die Kichererbsen abgießen und zusammen mit dem Haferflockenmehl, der Schalotte, dem Süßkartoffelpüree sowie Petersilie und Koriander in den Mixer geben. Glattmixen, anschließend die Mischung in eine Schüssel füllen und mit der gekochten Quinoa vermischen.

Mit Salz und Pfeffer abschmecken.

Aus der Mischung Kugeln formen, die wir auf ein mit Backpapier ausgelegtes Backblech legen. Ca. 25 Minuten bei 160–170 °C im Backofen backen.

Die Falafel mit Naan-Brot von S. 110 und Chili-Hummus von S. 122 servieren.

TIPP Ihr könnt die Falafel auch in einer Pfanne in ca. 4 Esslöffel Öl braten.

* Das Süßkartoffelpüree wird zubereitet, indem wir eine abgewaschene Süßkartoffel in Würfel schneiden. Diese in siedendes gesalzenes Wasser geben und 25–30 Minuten weichkochen. Die Süßkartoffel anschließend abgießen und zu einem glatten Püree kleinmixen.

Nährwertangaben für 1 Portion:

- 420 kcal
- 18 g Eiweiß
- 69 g Kohlenhydrate
- 8 g Fett

Hauptgerichte

Hummus-Wrap

Vorbereitungszeit: 15 Minuten
Koch-/Backzeit: 0 Minuten

Schwierigkeit: einfach
Portionen: 4

- 200 g vorgekochte Kichererbsen
- 100 g vorgekochte Rote Bete
- 2 EL Olivenöl
- 1 Knoblauchzehe
- 1 EL Hefeflocken*
- 4 Platten Vollkorn-Tortilla
- 100 g Gurke
- 100 g Karotten
- 100 g Zuckererbsen
- einige Blätter Eisbergsalat
- Salz
- Pfeffer

Für die Zubereitung des Hummus zunächst die Kichererbsen zusammen mit roter Bete, Olivenöl, Knoblauch, Hefeflocken und 4 Esslöffel Wasser glattmixen. Den Hummus mit Salz und Pfeffer abschmecken.

Die Tortillas auf der Küchenablage auslegen und jede Tortilla-Platte gleichmäßig mit dem vorbereiteten Hummus bestreichen (den Hummus nicht bis zum Rand streichen, damit er beim Einrollen nicht herausläuft).

Die Gurke und die Karotten in dünne Streifen schneiden. In die Mitte jeder Tortilla einen Teil der Erbsen, Karotten, Gurken und Salatblätter legen.

Die Tortillas einrollen und servieren oder im Kühlschrank aufbewahren.

TIPP Zur Tortilla könnt Ihr einen einfachen Dip aus 200 g griechischem Joghurt, einer Knoblauchzehe, gehacktem Schnittlauch, einer Prise Salz und Pfeffer zubereiten.

* Hefeflocken sind Hefe, die nicht für die Zubereitung von Hefeteig, sondern zum Abschmecken von Gerichten verwendet wird – Suppen, Soßen oder Nudeln. Geschmacklich erinnern die Hefeflocken an Parmesan.

Nährwertangaben für 1 Portion:

- 318 kcal
- 14 g Eiweiß
- 43 g Kohlenhydrate
- 10 g Fett

Omelett mit getrockneten Tomaten

Vorbereitungszeit: 10 Minuten
Koch-/Backzeit: 5 Minuten

Schwierigkeit: einfach
Portionen: 2

- 5 Eier
- 50 ml Mandelmilch
- 1 EL Butterschmalz
- 1 Handvoll Babyspinat
- 3 getrocknete Tomaten
- ¼ Avocado
- 1 EL Balsamico
- Salz
- Pfeffer

Die Eier gemeinsam mit der Mandelmilch sowie Salz und Pfeffer verquirlen.

In einer Pfanne 1 Esslöffel Butterschmalz erhitzen. Die vorbereiteten Eier hineingießen und ein Omelett zubereiten.

Das fertige Omelett auf einen Teller geben und in die Mitte den Babyspinat, die kleingeschnittenen getrockneten Tomaten und die kleingeschnittene Avocado legen. Mit einem Esslöffel Balsamico übergießen, zusammenrollen und servieren.

TIPP Ihr könnt das Omelett mit allem befüllen, was Ihr mögt. Versucht zum Beispiel eine Kombination aus Feldsalat, Ricotta und Schinken.

Nährwertangaben für 1 Portion:

(321 kcal)
(17 g Eiweiß)
(7 g Kohlenhydrate)
(25 g Fett)

Aufstriche

Aufstriche passen wohl zu allen Anlässen – ob Ihr etwas Leichtes braucht, um den Hunger zu vertreiben, oder ob Ihr auf der Suche nach Inspirationen für einen Silvesterimbiss oder eine Geburtstagsfeier seid. Mit unseren Rezepten zaubert Ihr einen leckeren Imbiss, aber auch belegte Brote oder Häppchen zu feierlichen Anlässen auf den Tisch.

Um welche Leckerbissen erweitert Ihr Euer Repertoire an Aufstrichen? Ihr werdet Variationen beliebter Aufstriche wie etwa Knoblauch- oder Fischaufstrich kennenlernen. Wir werfen auch einen Blick in die Küche des Nahen Ostens und Ihr könnt Hummus in mehreren Varianten ausprobieren.

Freut Euch auf Käse, Hülsenfrüchte und frisches sowie zubereitetes Gemüse. Ihr mischt Euch einfach eine große Portion Gesundheit zusammen.

Eure Kinder möchten keinen Aufstrich essen? Das kann daran liegen, dass sie nicht wissen, was drinsteckt. Ladet Eure kleinen Helfer das nächste Mal mit in die Küche ein, vielleicht werden sie ihr eigenes Werk dann gerne probieren.

Aber wenn Ihr den Schokoladen-Hummus zubereitet, lasst die Kinder solange in ihrem Zimmer spielen und bringt erst das fertige Ergebnis auf den Teller. Wir wetten darauf, dass die Kinder ab sofort einen neuen Lieblings-Schokoladenaufstrich haben werden.

Schokoladen-Hummus

Vorbereitungszeit: 10 Minuten
Koch-/Backzeit: 0 Minuten

Schwierigkeit: einfach
Portionen: 6

- 300 g vorgekochte Kichererbsen
- 80 g Erdnussbutter
- 2 EL geraspelte Kokosnuss
- 2 EL Honig
- 120 ml Milch
- 1 EL holländischer Kakao
- 1 TL gemahlener Zimt

Alle Zutaten in den Mixer geben und glattmixen.

TIPP Schokoladen-Hummus könnt Ihr zum Beispiel mit Orange oder anderem saisonalen Obst servieren. Er passt auch hervorragend zu Pfannkuchen.

Nährwertangaben für 1 Portion:

- 175 kcal
- 6 g Eiweiß
- 13 g Kohlenhydrate
- 11 g Fett

Chili-Hummus

Vorbereitungszeit: 5 Minuten
Koch-/Backzeit: 0 Minuten

Schwierigkeit: einfach
Portionen: 4

- **400 g vorgekochte Kichererbsen**
- **2 Knoblauchzehen**
- **2 EL Zitronensaft**
- **1 TL Tahini***
- **100 g Kokosmilch aus der Dose**
- **1 EL Olivenöl**
- **Salz**
- **Pfeffer**
- **½ TL Chilipulver**

Alle Zutaten glattmixen, gegebenenfalls den Aufstrich mit ein paar Löffel Wasser verdünnen.

TIPP Schmeck den Hummus mit einem Teelöffel süßer Paprika ab.

* Tahini ist eine aus gepressten Sesamsamen hergestellte Paste. Es hat einen prägnanten Geschmack und wird deshalb in kleineren Mengen verwendet. Die typische Verwendung von Tahini ist in Hummus, in Falafel oder in Salatdressing.

Nährwertangaben für 1 Portion:

- 418 kcal
- 22 g Eiweiß
- 51 g Kohlenhydrate
- 14 g Fett

Aufstrich aus eingelegten Paprika

Vorbereitungszeit: 10 Minuten
Koch-/Backzeit: 5 Minuten

Schwierigkeit: einfach
Portionen: 6

— 200 g über Nacht in Wasser eingelegte Mandeln
— 1 Glas in Öl eingelegte Paprika (100 g)
— 2 EL Hefeflocken*
— 2 TL Räuchersalz
— 2 Knoblauchzehen

Die Mandeln abgießen und in den Mixer schütten. Aus den eingelegten Paprika das Öl abtropfen lassen und diese anschließend gemeinsam mit der Hefe sowie Salz und Knoblauch ebenfalls in den Mixer geben.

Bei voller Leistung 1–2 Minuten mixen.

TIPP Der Aufstrich wird Euch nicht nur zu Brot und Gemüse schmecken, sondern auch auf Tortilla.

* Hefeflocken sind Hefe, die nicht für die Zubereitung von Hefeteig, sondern zum Abschmecken von Gerichten verwendet wird – Suppen, Soßen oder Nudeln. Geschmacklich erinnern die Hefeflocken an Parmesan.

Nährwertangaben für 1 Portion:

(245 kcal)
(7 g Eiweiß)
(7 g Kohlenhydrate)
(21 g Fett)

Rote-Bete-Hummus

Vorbereitungszeit: 5 Minuten
Koch-/Backzeit: 0 Minuten

Schwierigkeit: einfach
Portionen: 4

- 350 g Rote Bete
- 400 g vorgekochte Kichererbsen
- 1 EL Tahini (kann weggelassen werden)
- 1 EL Zitronensaft
- 1 Knoblauchzehe
- 1 TL Honig
- Salz
- Pfeffer

Die Rote Bete in Würfel schneiden und gemeinsam mit den restlichen Zutaten in den Mixer geben. Glattmixen, bei Bedarf mit Wasser verdünnen.

TIPP Den Hummus mit Vollkorngebäck oder Gemüse servieren, oder auf der Pizza von S. 102 verwenden.

Nährwertangaben für 1 Portion:

- 391 kcal
- 23 g Eiweiß
- 59 g Kohlenhydrate
- 7 g Fett

Aufstriche

Feta-Aufstrich

Vorbereitungszeit: 5 Minuten
Koch-/Backzeit: 0 Minuten

Schwierigkeit: einfach
Portionen: 6

— 400 g Feta-Käse
— 200 g griechischer Joghurt
— 2 EL Olivenöl
— Saft und Schale von 1 Zitrone
— 1 TL Dijonsenf
— Salz
— Pfeffer

Den Feta zusammen mit dem Joghurt sowie Olivenöl, Zitronensaft und der Zitronenschale in den Mixer geben und glattmixen.

Den Aufstrich mit Salz und Pfeffer abschmecken.

TIPP Falls Ihr frischen Dill zu Hause haben, den Dill fein hacken und mit in den Aufstrich mischen.

Nährwertangaben für 1 Portion:

(247 kcal)
(19 g Eiweiß)
(4 g Kohlenhydrate)
(19 g Fett)

Thunfisch-Aufstrich mit Chili

Vorbereitungszeit: 5 Minuten
Koch-/Backzeit: 0 Minuten

Schwierigkeit: einfach
Portionen: 4

— 200 g **Thunfisch im eigenen Saft**
— 2 EL **Olivenöl**
— 200 g **Quark**
— ½ TL **Chilipulver**
— **Salz**
— **Pfeffer**

Den Thunfisch abgießen und in einem Schälchen mit den restlichen Zutaten vermischen.

TIPP Den Aufstrich auf Vollkorntoast mit pochiertem Ei servieren.

Nährwertangaben für 1 Portion:

(165 kcal)
(19 g Eiweiß)
(2 g Kohlenhydrate)
(9 g Fett)

Pesto aus getrockneten Tomaten

Vorbereitungszeit: 5 Minuten
Koch-/Backzeit: 0 Minuten

Schwierigkeit: einfach
Portionen: 1 Stück

- 100 g getrocknete Tomaten (ohne Öl)
- 1 EL Tomatenmark
- 60 ml Olivenöl
- 2 TL Honig
- 1 TL getrockneter Oregano
- 1 TL getrocknetes Basilikum
- 1 Knoblauchzehe
- Salz
- Pfeffer

Alle Zutaten zur gewünschten Konsistenz kleinmixen und zum Beispiel mit Vollkornnudeln servieren.

Nährwertangaben für 1 Stück:

(773 kcal)

(13 g Eiweiß)

(43 g Kohlenhydrate)

(61 g Fett)

Basilikumpesto

Vorbereitungszeit: 5 Minuten
Koch-/Backzeit: 0 Minuten

Schwierigkeit: einfach
Portionen: 1 Glas

— 100 g Cashewnüsse
— 100 g Kokosmilch aus der Dose
— 2 Handvoll Basilikumblätter
— 2 Knoblauchzehen
— 1 TL Zitronensaft
— Salz
— Pfeffer

Alle Zutaten in den Mixer geben und 20–30 Minuten bei voller Leistung mixen, bis sie eine mittelgrobe Konsistenz erreichen. Das Pesto nicht ganz glattmixen, damit es einfacher in anderen Rezepten weiterverwendet werden kann.

TIPP Ihr werdet das Pesto für sein breites Anwendungsspektrum lieben. Schmeckt mit ihm etwa gekochte Vollkornnudeln, herzhaften Brei, Vollkornpizza oder gekochte Kartoffeln ab.

Nährwertangaben für 1 Glas:

(760 kcal)
(18 g Eiweiß)
(28 g Kohlenhydrate)
(64 g Fett)

Gesundes Naschen

Ihr könnt Euch ein Leben ohne Süßes oder salzige Snacks nicht vorstellen? Das ist in Ordnung, Ihr müsst Eure Vorlieben nicht aufgeben. Wenn Ihr es geschickt und mit den richtigen Zutaten angeht, wird auch Euer Körper Freude daran haben. Womit haben wir gearbeitet?

Zum Herbst gehören süße Äpfel, dicke Kürbisse und duftender Zimt. Wir haben aber auch zu tropischem Obst und zu Nüssen gegriffen.

Geht Ihr heute einkaufen? Schreibt Euch Buchweizenmehl, hochwertigen holländischen Kakao, Honig und auch Kokosöl auf Euren Einkaufszettel. In den Rezepten werdet Ihr diesen Zutaten oft begegnen und Ihr könnt sie ruhig auf Vorrat einkaufen – so schnell verderben sie nicht.

Und nun endlich zu den Rezepten. Bei der Zubereitung von Süßspeisen haben wir uns auf eine große Herausforderung eingelassen und haben uns entschieden, die sündhaftesten Leckereien zu verbessern. Und wir denken, dass es uns gelungen ist. Unsere Schokoladenmuffins mit Guss oder unsere Cremetorten kommen ohne weißes Mehl, Zucker und Butter aus und büßen dabei nichts von ihrem hervorragenden Geschmack ein. Probiert zum Beispiel den beliebten Red Velvet Cake. Für dessen rote Farbe und saftige Konsistenz sorgt gekochte Rote Bete – und keine Angst, Ihr werdet sie überhaupt nicht schmecken.

Und wenn Ihr Appetit auf etwas Salziges habt? Holt schnell ein paar Karotten aus dem Garten und bereitet daraus Karotten-Fritten mit Paprikadip zu. Häppchen mit Räucherlachs und Körnercräcker sind auch große Leckerbissen und in kürzester Zeit zubereitet.

Kakao-Kokos-Schaum

Vorbereitungszeit: 10 Minuten
Koch-/Backzeit: 0 Minuten

Schwierigkeit: einfach
Portionen: 3

- **1 Dose Kokosmilch (400 ml)**
- **1 TL Vanilleextrakt**
- **1 EL Honig**
- **1 EL holländischer Kakao**
- **Salz**

Die Kokosmilch mit dem Handrührer aufschlagen*. Salz, Vanilleextrakt, Honig und holländischen Kakao zumischen.

Den Schaum auf Glasschälchen verteilen und für mindestens 2 Stunden in den Kühlschrank stellen.

TIPP Der Schaum schmeckt hervorragend zu Heidelbeerpfannkuchen. Das Rezept findet Ihr auf S. 10.

* Die Kokosmilch bekommt keine feste Konsistenz wie etwa Sahne. Es genügt, sie leicht aufzuschlagen, bis sich Blasen bilden. Anschließend in den Kühlschrank stellen, bis sie fest wird.

Nährwertangaben für 1 Portion:

(299 kcal)

(4 g Eiweiß)

(10 g Kohlenhydrate)

(27 g Fett)

Apfelwaffeln

Vorbereitungszeit: 10 Minuten
Koch-/Backzeit: 3 Minuten

Schwierigkeit: einfach
Portionen: 3

- 200 g fein gemahlenes Vollkorn-Dinkelmehl
- 1 Apfel
- 2 TL Backpulver
- 1 TL gemahlener Zimt
- 1 Prise Salz
- 2 Eier
- 1 TL Vanilleextrakt
- 60 g griechischer Joghurt
- 2 TL Honig
- 30 g Kokosöl
- 250 ml Milch

Das Mehl, den fein geriebenen Apfel sowie Backpulver, Zimt und Salz in einer Schüssel vermischen. In einer zweiten Schüssel die Eier mit Vanilleextrakt, Joghurt, Honig und Öl verquirlen.

Die Milch hinzugeben und den Inhalt beider Schüsseln zusammenmischen.

Den Teig mit einem Löffel in das Waffeleisen füllen und darauf achten, dass er nicht aus der heißen Form quillt. Das Waffeleisen schließen und den Teig ca. 2–3 Minuten backen (die Backzeit kann je nach Waffeleisentyp abweichen).

TIPP Zu den Waffeln passt hervorragend der Frozen Joghurt von S. 202.

Nährwertangaben für 1 Portion:

- 461 kcal
- 16 g Eiweiß
- 61 g Kohlenhydrate
- 17 g Fett

Schokoladenmuffins mit Guss

Vorbereitungszeit: 25 Minuten
Koch-/Backzeit: 25 Minuten

Schwierigkeit: mittelschwer
Portionen: 12

FÜR DEN TEIG
— 100 g fein gemahlenes Vollkorn-Dinkelmehl
— 1 EL holländischer Kakao
— 2 TL Backpulver
— 1 TL Backsoda
— 40 g geschmolzenes Kokosöl
— 70 g Honig
— 160 ml Milch
— 1 TL Vanilleextrakt
— 2 Eier
— Salz

FÜR DEN GUSS
— 30 g holländischer Kakao
— 20 g Kokosöl
— 1 TL Honig
— 60 ml Milch

Den Backofen auf 170 °C vorheizen.

Das Mehl zusammen mit Kakao, Salz, Backpulver und Backsoda in eine große Schüssel streuen. In einer zweiten Schüssel mit dem Schneebesen geschmolzenes Kokosöl, Honig, Milch, Vanilleextrakt und Eier verquirlen.

Den Inhalt beider Schüsseln zusammenschütten und verrühren. Den so entstandenen Teig in 12 mit Papierkörbchen ausgelegte Muffinförmchen gießen.

Die Muffins in den vorgeheizten Backofen schieben und 20–25 Minuten bei 160–170 °C backen.

Während die Muffins backen, bereiten wir den Guss zu. In einem Schälchen einfach mit einer Gabel oder dem Schneebesen alle aufgeführten Zutaten verquirlen – Kakao, geschmolzenes Kokosöl, Honig und Milch.

Die Muffins nach dem Backen abkühlen lassen und mit dem zubereiteten Guss übergießen.

TIPP Die Muffins mit Obst oder grob gehackten Nüssen einer beliebigen Sorte verzieren. Sie werden so noch leckerer und sehen gut aus.

Nährwertangaben für 1 Portion:
- 127 kcal
- 3 g Eiweiß
- 13 g Kohlenhydrate
- 7 g Fett

Proteinkugeln mit Preiselbeeren

Vorbereitungszeit: 10 Minuten
Koch-/Backzeit: 0 Minuten

Schwierigkeit: einfach
Portionen: 15 Stück

- 50 g getrocknete Preiselbeeren
- 1 TL Zimt
- 60 g Apfelmus
- 90 g Molkeprotein mit Vanillegeschmack (kann weggelassen werden)
- 60 g gemahlene Roggenflocken (können durch andere Flocken ersetzt werden)

Alle Zutaten in einer Schüssel vermischen. Sorgfältig mit den Händen verkneten und einen Teig zubereiten, aus dem wir Kugeln formen.

Die Kugeln vor dem Servieren für mindestens 30 Minuten in den Kühlschrank stellen.

TIPP Anstelle von 10 g Protein 10 g holländischen Kakao zugeben.

Nährwertangaben für 1 Stück:

(53 kcal)

(5 g Eiweiß)

(6 g Kohlenhydrate)

(1 g Fett)

Gesundes Naschen

Zimtschnecken

Vorbereitungszeit: 20 Minuten
Koch-/Backzeit: 20 Minuten

Schwierigkeit: mittelschwer
Portionen: 10 Stück

FÜR DEN TEIG
— 150 ml warme Milch
— 1 EL Kokosöl
— 2 EL Honig
— ½ Päckchen Trockenhefe
— 250 g fein gemahlenes Vollkorn-Dinkelmehl
— 50 g zum Bestreuen des Nudelbretts
— 1 TL Vanilleextrakt
— Salz

FÜR DIE FÜLLUNG
— 3 EL Honig
— 1 EL Zimt
— 1 EL Kokosöl

Das geschmolzene Kokosöl, den geschmolzenen Honig, eine Prise Salz und die Hefe in eine große Schüssel geben. Für etwa 10 Minuten beiseitestellen.

Den Schüsselinhalt verrühren und Mehl sowie Vanilleextrakt zugeben. Auf einem mehlbestäubten Nudelbrett einen Teig zubereiten, den wir in Rechteckform ausrollen.

In einem Schälchen die Zutaten für die Füllung zusammenmischen – Honig, Zimt und geschmolzenes Kokosöl. Die Füllung gleichmäßig auf den ausgerollten Teig streichen, der anschließend aufgerollt wird. Die Roulade in Scheiben schneiden und diese Scheiben einzeln nebeneinander in eine mit Backpapier ausgelegte runde Form legen.

Mit einem Geschirrtuch zudecken und für ca. 1 Stunde an einem warmen Ort gehen lassen.

Inzwischen den Backofen auf 180 °C vorheizen. Die aufgegangenen Schnecken anschließend 15–20 Minuten bei 170–180 °C backen.

TIPP Die Schnecken sind schon so großartig. Noch besser sind sie aber mit einer Glasur aus griechischem Joghurt. Diesen bereiten wir zu, indem wir 200 g griechischen Joghurt, 100 g Frischkäse, einen Teelöffel Honig und einen Esslöffel Trockenmilch vermischen.

Nährwertangaben für 1 Stück:
- 135 kcal
- 3 g Eiweiß
- 24 g Kohlenhydrate
- 3 g Fett

Erdnussbutterkekse

Vorbereitungszeit: 15 Minuten
Koch-/Backzeit: 10 Minuten

Schwierigkeit: einfach
Portionen: 30 Stück

— 120 g Erdnussbutter*
— 2 TL Backpulver
— 30 g geschmolzenes Kokosöl
— 160 g fein gemahlenes Vollkorn-Dinkelmehl
— 1 TL Vanilleextrakt
— 2 EL Honig

Alle Zutaten vermischen und einen Teig herstellen. Aus dem Teig etwa 30 gleich große Kugeln formen, auf ein mit Backpapier ausgelegtes Backblech legen und in „Keksform" plattdrücken.
Anschließend ca. 10 Minuten bei 160–170 °C backen.
TIPP Probiert anstelle des Vanilleextrakts auch Vanilleschotensamen aus.
* Das Rezept für hausgemachte Erdnussbutter findet Ihr auf S. 170.

Nährwertangaben für 1 Stück:

55 kcal

2 g Eiweiß

5 g Kohlenhydrate

3 g Fett

Matcha-Kekse

Vorbereitungszeit: 15 Minuten
Koch-/Backzeit: 10 Minuten

Schwierigkeit: einfach
Portionen: 20 Stück

- 200 g gemahlene Haferflocken
- 15 g Matcha-Tee*
- 1 TL Backpulver
- 1 TL Natron
- 100 g Kokosöl
- 1 TL Vanilleextrakt
- 60 g Honig
- 1 Ei
- 1 EL Chia-Samen
- 1 Prise Salz

Den Backofen auf 170 °C vorheizen.

In einer Schüssel gemahlene Haferflocken, Matcha-Tee, Natron und Backpulver vermischen.

In einer zweiten Schüssel das Kokosöl mit Vanilleextrakt, Honig und Ei verquirlen. Den Inhalt beider Schüsseln zusammenmischen, die Chia-Samen und Salz zugeben und sorgfältig umrühren, bis ein kompakter Teig entsteht.

Den Teig in Frischhaltefolie packen und für mindestens 1 Stunde in den Kühlschrank stellen.

Den Teig nach 1 Stunde herausnehmen und mit den Händen durchkneten, bis er weich wird. Anschließend den Teig zu einer ca. 2–3 mm dicken Platte ausrollen.

Aus dem ausgerollten Teig beliebige Formen ausschneiden. Die so entstandenen Kekse auf ein mit Backpapier ausgelegtes Backblech legen und 10 Minuten bei 160–170 °C backen.

TIPP Ihr könnt die Kekse auch auf andere Weise ausschneiden – aus dem Teig einen Zylinder formen, in Frischhaltefolie packen, glattstreichen und für 30 Minuten zum Abkühlen in den Kühlschrank legen. Die Kekse anschließend mit Hilfe eines scharfen Messers oder eines Fadens abschneiden.

* Matcha ist japanischer grüner Tee in der besten erhältlichen Qualität. Die Teeblätter werden zu einem feinen Pulver zermahlen und bei der Herstellung werden keine Konservierungs- oder Zusatzstoffe verwendet.

Nährwertangaben für 1 Stück:

- 102 kcal
- 2 g Eiweiß
- 10 g Kohlenhydrate
- 6 g Fett

Mandeln in Schokolade mit Meersalz

Vorbereitungszeit: 10 Minuten
Koch-/Backzeit: 10 Minuten

Schwierigkeit: einfach
Portionen: 10 Stück

— **100 g Zartbitterschokolade**
— **1 EL Meersalz**
— **150 g ungeschälte Mandeln**

Die Schokolade im Wasserbad erwärmen und die Mandeln in die warme Schokolade einrühren.

Die Mandeln mit dem Löffel herausnehmen und auf einem Backblech mit einigen Zentimetern Abstand zueinander kleine Häufchen formen. Jedes Häufchen mit Meersalz bestreuen.

Vor dem Servieren für mindestens 1 Stunde in den Kühlschrank stellen, damit die Schokolade ausreichend fest wird.

TIPP Anstelle von Salz könnt Ihr eine Variante mit Zimt probieren.

Nährwertangaben für 1 Stück:

(148 kcal)

(4 g Eiweiß)

(6 g Kohlenhydrate)

(12 g Fett)

Buchweizen-Crisps mit Zimt

Vorbereitungszeit: 10 Minuten
Koch-/Backzeit: 35 Minuten

Schwierigkeit: mittelschwer
Portionen: 450 g Crisps

- 180 g Buchweizengrieß
- 60 g fein gemahlene Mandeln
- 50 g Sonnenblumenkerne
- 1 Prise Salz
- 1 TL gemahlener Zimt
- 80 g Honig
- 3 EL Kokosöl
- 1 TL Vanilleextrakt

Den Backofen auf 160 °C vorheizen.

Alle genannten Zutaten sorgfältig in einer Schüssel miteinander vermischen.

Den Teig auf einem mit Backpapier ausgelegten Backblech verteilen und in kleinere Stücke zerteilen (zum Beispiel mit einem Löffel).

Das Backblech in den Backofen geben und 30–35 Minuten bei 150–160 °C backen.

Die Crisps nach dem Backen abkühlen lassen, verbundene Stücke voneinander trennen und in ein verschließbares Glasgefäß füllen.

TIPP Ihr könnt die Crisps pur, mit Milch, Joghurt oder nur mit Obst essen.

Nährwertangaben für 450 g Crisps

- 1837 kcal
- 44 g Eiweiß
- 215 g Kohlenhydrate
- 89 g Fett

Ananaskuchen

Vorbereitungszeit: 10 Minuten
Koch-/Backzeit: 25 Minuten

Schwierigkeit: einfach
Portionen: 12

— **200 g glattes Buchweizenmehl***
— **2 TL Backpulver**
— **50 ml Kokosöl**
— **80 g Honig**
— **70 ml Milch**
— **2 Eier**
— **100 g weißer Joghurt**
— **1 TL Vanilleextrakt**
— **3 EL geraspelte Kokosnuss**
— **100 g Ananas**
— **Salz**

Den Backofen auf 175 °C vorheizen.

Das Mehl und das Backpulver zusammen in eine große Schüssel geben.

Separat Kokosöl, Honig, Milch, Eier, weißen Joghurt und Vanilleextrakt verquirlen.

Den Inhalt beider Schüsseln vermischen, Salz und Kokos dazugeben und den Teig in eine runde Backform (Ø 25 cm) gießen.

Die Ananas in halbe Scheiben schneiden und den gesamten Kuchen damit belegen. In den Ofen geben und 20–25 Minuten bei 165–175 °C backen.

Den fertigen Kuchen auf einem Gitter abkühlen lassen und servieren.

TIPP Ihr könnt den Kuchen mit durch Stevia gesüßtem griechischem Vollfettjoghurt servieren.

* Buchweizenmehl ist ein aus Buchweizenkörnern gemahlenes Mehl, es ist von Natur aus glutenfrei und wird für die Zubereitung von Pfannkuchen, Kuchen oder zum Beispiel Buchweizenknödeln verwendet.

Nährwertangaben für 1 Portion:

(150 kcal)
(4 g Eiweiß)
(20 g Kohlenhydrate)
(6 g Fett)

Kürbiskuchen

Vorbereitungszeit: 25 Minuten
Koch-/Backzeit: 35 Minuten

Schwierigkeit: mittelschwer
Portionen: 12

FÜR DEN TEIG
— 200 g fein gemahlenes Vollkorn-Dinkelmehl
— 1 TL gemahlener Zimt
— 1 TL gemahlener Ingwer
— 1 TL gemahlene Muskatnuss
— 1 TL Backpulver
— 1 TL Natron
— 1 Prise Salz
— 2 Eier
— 40 g geschmolzenes Kokosöl
— 250 g Kürbispüree*
— 100 g Honig

FÜR DIE GLASUR
— 300 g griechischer Joghurt
— 1 EL Honig oder einige Tropfen Stevia zum Süßen

Den Backofen auf 180 °C vorheizen.

Eine große Schüssel zur Hand nehmen und das Buchweizenmehl hineinstreuen.

Zimt, Ingwer, Muskatnuss, Backpulver, Natron und eine Prise Salz zugeben.

In einer zweiten Schüssel die Eier zusammen mit Kokosöl, Kürbispüree und Honig verquirlen.

Den Inhalt beider Schüsseln mit dem Kochlöffel so vermischen, dass im entstandenen Teig wenn möglich keine Klumpen verbleiben.

Den Teig in eine eingefettete Kuchenform gießen (Ø 25 cm), in den vorgeheizten Ofen geben und 30–35 Minuten bei 170–180 °C backen. Den Kuchen abkühlen lassen und mit der Glasur bestreichen, den wir durch Vermischen von griechischem Joghurt und Honig erhalten.

TIPP Ihr könnt den Kuchen mit trocken gerösteten Walnüssen bestreuen.

* Für die Zubereitung von 250 g Kürbispüree benötigen wir einen Hokkaido-Kürbis mit ca. 600–700 g Gewicht. Den Kürbis abwaschen, in der Mitte durchschneiden und die Kerne entfernen. Den Kürbis in Würfel schneiden und auf ein mit Backpapier ausgelegtes Backblech geben.

Im vorgeheizten Backofen ca. 55–60 Minuten bei 170–180 °C backen. Dann den Kürbis nur noch abkühlen lassen und zu einem glatten Brei kleinmixen.

Nährwertangaben für 1 Portion:

(161 kcal)

(5 g Eiweiß)

(24 g Kohlenhydrate)

(5 g Fett)

Marmorkuchen

Vorbereitungszeit: 20 Minuten
Koch-/Backzeit: 25 Minuten

Schwierigkeit: mittelschwer
Portionen: 12

FÜR DEN DUNKLEN FEIG
— 100 g glattes Buchweizenmehl
— 10 g holländischer Kakao
— 1 TL Backpulver
— 1 Prise Salz
— 2 Eier
— 1 TL Vanilleextrakt
— 100 ml Milch
— 60 g Honig
— 30 ml Öl

FÜR DEN HELLEN TEIG
— 160 g Frischkäse
— 100 g griechischer Joghurt
— 1 TL Honig

Den Backofen auf 180 °C vorheizen.

Alle Zutaten für den dunklen Teig in einer großen Schüssel vermischen. Den Teig in eine mit Backpapier ausgelegte Backform gießen (30 × 30 cm) und vorerst zur Seite stellen.

Nun den hellen Teig zubereiten. Dafür den Frischkäse, den griechischen Joghurt und den Honig miteinander verquirlen. Den hellen Teig gleichmäßig auf dem dunklen Teig verteilen, anschließend mit dem Messer verrühren, sodass die Marmorierung entsteht.

Im vorgeheizten Backofen 20–25 Minuten bei 170–180 °C backen.

TIPP Ihr könnt den Kuchen nach dem Backen der Länge nach aufschneiden und mit Quark befüllen, den Ihr mit Stevia süßt.

Nährwertangaben für 1 Portion:

(127 kcal)
(4 g Eiweiß)
(12 g Kohlenhydrate)
(7 g Fett)

Bananenkuchen ohne Backen

Vorbereitungszeit: 20 Minuten
Koch-/Backzeit: 0 Minuten

Schwierigkeit: einfach
Portionen: 16

FÜR DEN TEIG
— 200 g gemahlene Buchweizenflocken
— 50 g geraspelte Kokosnuss
— 160 g Erdnussbutter
— 100 g Ahornsirup (oder Honig)
— 1 Banane

FÜR DIE 1. SCHICHT
— 2 Bananen
— 200 g Erdnussbutter
— 120 g Ahornsirup (oder Honig)
— 100 g Kokosmehl
— 200 ml Kokosmilch aus der Dose

FÜR DIE 2. SCHICHT
— 1 Avocado
— 1 EL holländischer Kakao
— 1 EL Ahornsirup
— 1 Prise Salz
— 1 TL Vanilleextrakt

Zunächst bereiten wir den Teig zu. Hierfür in einer Schüssel die Buchweizenflocken, die Kokosnuss, die Erdnussbutter und den Ahornsirup miteinander vermischen.

Die entstandene Mischung gleichmäßig in einer Tortenform verteilen (Ø 20 cm).

Eine in Scheiben geschnittene Banane auf den Teig legen.

Für die Zubereitung der ersten Schicht mixen wir die 2 Bananen mit Erdnussbutter, Ahornsirup, Kokosmehl und Kokosmilch klein. Anschließend in die Form gießen.

Zum Schluss mixen wir die Avocado mit Kakao, Ahornsirup, Salz und Vanilleextrakt klein und bereiten so die letzte Schicht zu. Die Mischung glattmixen und auf der ersten Schicht verteilen. Dann glattstreichen und den Kuchen vor dem Servieren für 2 Stunden in den Kühlschrank stellen.

TIPP Stellt Eure eigene Erdnussbutter her. Das Rezept findet Ihr auf S. 170.

Nährwertangaben für 1 Portion:

334 kcal

10 g Eiweiß

33 g Kohlenhydrate

18 g Fett

Karottentorte

Vorbereitungszeit: 30 Minuten
Koch-/Backzeit: 55 Minuten

Schwierigkeit: mittelschwer
Portionen: 16

FÜR DEN TEIG
— 300 g fein gemahlenes Vollkorn-Dinkelmehl
— 2 TL Backpulver
— 1 EL gemahlener Zimt
— 1 TL geriebene Muskatnuss
— 100 g gemahlene Walnüsse
— 1 TL Vanilleextrakt
— 150 ml Kokosöl
— 3 Eier
— 100 g Joghurt
— 70 g Honig
— 150–200 ml Milch
— 250 g Karotten
— Salz

FÜR DIE GLASUR
— 200 g Quark
— 200 g Frischkäse
— 2 TL Honig

Den Backofen auf 175 °C vorheizen.

Das Mehl mit Backpulver und Zimt in eine große Schüssel streuen. Anschließend Muskatnuss, Walnüsse und Salz zugeben und umrühren. In einer zweiten Schüssel das Vanilleextrakt sowie Eier, Kokosöl, Joghurt, Honig und Milch verquirlen. Den Inhalt beider Schüsseln unter Zugabe der geriebenen Karotten vermischen.

Alle Zutaten vermischen und den Teig in eine runde, mit Backpapier ausgelegte Form gießen (Ø 20 cm). Den Teig in den vorgeheizten Backofen geben und 50–55 Minuten bei 165–175 °C backen.

Den Teig mit einem Spieß testen. Wenn der Spieß trocken ist, nachdem wir ihn in den Teig gestochen haben, können wir den Kuchen aus dem Backofen nehmen.

Den Kuchen auf einem Rost abkühlen lassen. Inzwischen Quark, Frischkäse und Honig verquirlen.

Den abgekühlten Kuchen aufschneiden, mit der Hälfte der Glasur bestreichen und die zweite Hälfte der Glasur oben auf dem Kuchen verteilen.

TIPP Aus dem beschriebenen Rezept können auch Muffins zubereitet werden. Den Teig in 12 Körbchen aufteilen und für 30–35 Minuten backen lassen. Anschließend für kurze Zeit abkühlen lassen und mit der vorbereiteten Glasur bestreichen.

Nährwertangaben für 1 Portion:

282 kcal

8 g Eiweiß

22 g Kohlenhydrate

18 g Fett

Red Velvet Layer Cake

Vorbereitungszeit: 35 Minuten
Koch-/Backzeit: 45 Minuten

Schwierigkeit: mittelschwer
Portionen: 16

— 500 g vorgekochte Rote Bete
— 1 Esslöffel Balsamico
— 120 g Honig
— 130 ml erhitztes Kokosöl
— 1 TL Vanilleextrakt
— 230 g fein gemahlenes Buchweizenmehl
— 2 TL Backpulver
— 50 g holländischer Kakao
— 100 g Zartbitterschokolade

FÜR DIE CREME
— 350 g Hüttenkäse
— 300 g Frischkäse
— 3 EL Stärke
— 1 EL Honig
— 1 TL Vanilleextrakt

Den Backofen auf 180 °C vorheizen.

Die Rote Bete zu einem Brei kleinmixen und in eine Schüssel füllen. Anschließend Balsamico, Honig, Kokosöl, Vanilleextrakt, Buchweizenmehl, Backpulver und Kakao mit zur Roten Bete geben und alles umrühren. Die Schokolade im Wasserbad erwärmen und mit in den Teig mischen.

Den Teig in eine mit Backpapier ausgelegte Tortenform gießen.

In den vorgeheizten Backofen geben, Temperatur auf 160–170 °C reduzieren und 40–45 Minuten backen.

Bis der Teig fertig gebacken ist, bereiten wir die Creme zu. Den Hüttenkäse mit Frischkäse, Honig und Vanilleextrakt glattmixen. 3 Esslöffel Stärke zumischen und in den Kühlschrank stellen.

Den gebackenen Kuchen auf einem Rost abkühlen lassen.

Den abgekühlten Kuchen anschließend 2× der Länge nach aufschneiden. Die Hälfte der Creme auf beiden Schnittflächen verteilen und mit dem Rest die Oberseite und die Seiten der Torte bestreichen. Mit einem Konditorspachtel glattstreichen und die Torte mindestens für 3 Stunden zum Abkühlen in den Kühlschrank stellen.

Nährwertangaben für 1 Portion:
- 277 kcal
- 7 g Eiweiß
- 24 g Kohlenhydrate
- 17 g Fett

Banana Bread

Vorbereitungszeit: 15 Minuten
Koch-/Backzeit: 45 Minuten

Schwierigkeit: einfach
Portionen: 20

- 2 Bananen (+ 1 Banane oben auf das Brot – kann weggelassen werden)
- 60 g Kokosöl (geschmolzen)
- 70 g Honig
- 2 Eier
- 400 g fein gemahlenes Vollkorn-Dinkelmehl
- 1 TL gemahlener Zimt
- 190 ml Milch
- 2 TL Backpulver
- 1 Prise Salz

Den Backofen auf 175 °C vorheizen.

Die Bananen in einer großen Schüssel mit der Gabel zerdrücken, dann geschmolzenes Kokosöl, Honig (am besten flüssigen) und Eier dazugeben. Alle Zutaten verquirlen. Alle restlichen Zutaten mit in die Schüssel geben – Buchweizenmehl, Zimt, Milch, Backpulver und Salz.

Alles sorgfältig umrühren und den Teig in eine Rehrücken-Backform füllen, welche wir davor mit Backpapier auslegen. Die verbliebene Banane der Länge nach aufschneiden und obendrauf legen. Anschließend die Backform in den Backofen geben und das Brot 40–45 Minuten bei 165–175 °C backen.

TIPP Testet den Teig während des Backens mit einem Spieß. Falls der Spieß nach dem Herausziehen aus dem Teig noch feucht ist, müsst Ihr den Teig noch eine Weile im Ofen lassen.

Nährwertangaben für 1 Portion:

(132 kcal)

(3 g Eiweiß)

(21 g Kohlenhydrate)

(4 g Fett)

Hausgemachte Erdnussbutter

Vorbereitungszeit: 5 Minuten
Koch-/Backzeit: 0 Minuten

Schwierigkeit: einfach
Portionen: 1 Glas

— 400 g ungesalzene Erdnüsse
— 1 EL geschmolzenes Kokosöl (wir können auch Erdnussöl verwenden)
— 1 EL flüssiger Honig
— 1 Prise Salz (kann weggelassen werden)

Die Erdnüsse in einen leistungsstarken Mixer geben. Zunächst mixen wir immer für 20 Sekunden bei voller Leistung, um den Mixer nicht zu überlasten. Wir mixen so lange, bis aus den Erdnüssen ein "Pulver" entsteht. Falls ein Teil der Erdnüsse am Mixer haften bleibt, schieben wir sie mit einem Spachtel nach unten, damit sie alle kleingemixt werden.

Einen Esslöffel Honig, Öl und Salz mit in den Mixer geben und alles erneut bei voller Leistung etwa 1 Minute lang feinmixen. Die Erdnussbutter probieren und nach Geschmack mehr Honig oder Salz zugeben. Für eine flüssigere Konsistenz können wir auch mehr Kokosöl zugeben.

Zum Schluss für 30 Sekunden bei voller Leistung mixen, damit alles vermengt wird. Die Erdnussbutter in ein verschließbares Glasgefäß füllen und am besten im Kühlschrank aufbewahren.

TIPP Für die Zubereitung von Crunchy-Erdnussbutter lasst einen Teil der Erdnüsse beiseite (ca. 100 g), mixt sie grob klein und mischt sie unter die fertige Erdnussbutter.

* Erdnussbutter schmeckt am besten auf Bananenbrot, das Rezept findet Ihr auf S. 168.

Nährwertangaben für 1 Glas:

- 2597 kcal
- 101 g Eiweiß
- 87 g Kohlenhydrate
- 205 g Fett

Gesundes Naschen 171

Erdbeer-Chia-Marmelade

Vorbereitungszeit: 20 Minuten
Koch-/Backzeit: 30 Minuten

Schwierigkeit: einfach
Portionen: 1 Glas

— 350 g Erdbeeren
— 3 EL Chia-Samen*
— 1 TL Vanilleextrakt
— 2 TL geriebene Schale von einer Bio-Zitrone

Die Erdbeeren glattmixen und mit Chia-Samen, Vanilleextrakt und Zitronenschale vermischen. In ein Glas gießen und bis zum nächsten Tag im Kühlschrank fest werden lassen.

Am nächsten Tag können wir die Marmelade bereits verwenden.

TIPP Falls Ihr eine Vanilleschote zur Verfügung habt, verwendet die Samen daraus anstelle von Vanilleextrakt.

* Chia-Samen sind Samen der Salvia Hispanica. Zu ihren Haupteigenschaften gehört Hydrophilie – in Kombination mit Wasser bindet sie dieses an sich und erzeugt ein Gel, das wir entweder direkt verzehren oder zum Beispiel zu vegetarischem Teig hinzugeben können. Außerdem eignen sich Chia-Samen für alle möglichen Smoothies, Säfte oder als Beigabe zu Joghurt.

Nährwertangaben für 1 Glas:

(247 kcal)

(6 g Eiweiß)

(31 g Kohlenhydrate)

(11 g Fett)

Häppchen aus Tortilla und Räucherlachs

Vorbereitungszeit: 30 Minuten
Koch-/Backzeit: 0 Minuten

Schwierigkeit: einfach
Portionen: 25 Stück

- **1 Avocado**
- **1 Handvoll gehackter frischer Dill**
- **3 Vollkorntortillas**
- **200 g Frischkäse**
- **200 g geräucherter Lachs**
- **Salz**
- **Pfeffer**

Die Avocado zusammen mit Frischkäse, Salz und Pfeffer kleinmixen und gehackten Dill hinzugeben.

Eine der Tortillas mit der Hälfte der Avocadofüllung bestreichen, 100 g geräucherten Lachs darauf verteilen, mit der zweiten Tortilla zudecken und das Ganze wiederholen.

Die vorbereiteten Tortillas für mindestens 20 Minuten in den Kühlschrank stellen. Nach dem Herausnehmen in Vierecke zerschneiden und als Häppchen servieren.

TIPP Ihr könnt die Häppchen auch mit Hummus, getrockneten Tomaten und Oliven zubereiten.

Nährwertangaben für 1 Stück:

(73 kcal)
(3 g Eiweiß)
(4 g Kohlenhydrate)
(5 g Fett)

Gesundes Naschen

Karotten-Fritten mit Paprikadip

Vorbereitungszeit: 10 Minuten
Koch-/Backzeit: 15 Minuten

Schwierigkeit: einfach
Portionen: 4

FÜR DIE FRITTEN
— **500 g geputzte und geschälte Karotten**
— **2 EL Olivenöl**
— **Salz**
— **Pfeffer**

FÜR DEN DIP
— **250 g weißer Joghurt**
— **½ TL geräucherte Paprika**
— **Saft von ½ Zitrone**
— **1 Knoblauchzehe**
— **Salz**
— **Pfeffer**

Den Backofen auf 180 °C vorheizen. Die Karotten in Frittenform schneiden und in eine Schüssel geben, in der wir sie mit zwei Esslöffel Olivenöl, Salz und Pfeffer vermischen. Die Fritten auf einem mit Backpapier ausgelegten Backblech verteilen und im vorgeheizten Ofen 10–15 Minuten bei 170–180 °C backen.

Bis die Fritten fertig sind, bereiten wir den Dip zu. Dafür weißen Joghurt, geräucherte Paprika, gepresste Knoblauchzehe, Saft aus ½ Zitrone, Salz und Pfeffer in einer Schüssel vermischen.

Die gebackenen Fritten in den fertigen Dip tunken.

TIPP Ihr könnt zum Beispiel auch frische, fein gehackte Petersilie mit in den Dip geben.

Nährwertangaben für 1 Portion:

(141 kcal)
(3 g Eiweiß)
(12 g Kohlenhydrate)
(9 g Fett)

Körnercracker

Vorbereitungszeit: 15 Minuten
Koch-/Backzeit: 20 Minuten

Schwierigkeit: einfach
Portionen: 35 Stück

- 20 g Chia-Samen
- 60 g Kürbiskerne
- 30 g Leinsamen
- 20 g Sesamsamen
- 40 g Haferflocken
- 60 g fein gemahlenes Vollkorn-Dinkelmehl
- 1 Prise Salz
- 1 Prise Pfeffer
- ½ TL Backpulver
- 2 EL Kokosöl
- 1 TL Honig

Den Backofen auf 180 °C vorheizen.

Alle Samen, Kürbiskerne und Haferflocken sowie Buchweizenmehl, Salz, Pfeffer und Backpulver in einer kleinen Schüssel vermischen.

Das geschmolzene Kokosöl und den Honig zusammen mit 3–4 Esslöffel Wasser zugeben und mit den Händen einen Teig ausarbeiten. Falls der Teig zerfällt oder klebrig ist, Mehl oder einen weiteren Esslöffel Wasser zugeben.

Den Teig zwischen zwei Blatt Backpapier ausrollen. Das obere Papier herunternehmen und den Teig in Vierecke schneiden.

Die Vierecke etwas voneinander wegschieben, damit sie sich beim Backen nicht verbinden.

Das Backblech in den vorgeheizten Backofen geben und den Teig 15–20 Minuten bei 170–180 °C backen.

TIPP Mischt Eure Lieblingsgewürze in die Cracker. Zum Beispiel Kräuter der Provence, Räuchersalz oder gemahlene Paprika.

Nährwertangaben für 1 Stück:

- 34 kcal
- 1 g Eiweiß
- 3 g Kohlenhydrate
- 2 g Fett

Zucchinikugeln

Vorbereitungszeit: 10 Minuten
Koch-/Backzeit: 20 Minuten

Schwierigkeit: einfach
Portionen: 5

— 1 kleine Zucchini
— 3 Eier
— 200 g Haferflocken
— 100 g Hüttenkäse
— 1 TL gemahlener Oregano
— Salz
— Pfeffer

Die Zucchini fein reiben, salzen und in einem Sieb abtropfen lassen. Ein Schälchen unter das Sieb stellen, in das Wasser abfließen kann. Den Backofen auf 190 °C vorheizen.

Nachdem das Wasser aus der Zucchini abgeflossen ist, drücken wir sie noch sorgfältig mit den Händen aus.

Anschließend die ausgedrückte Zucchini in eine große Schüssel geben, wo wir sie mit den Eiern, den Haferflocken, dem Hüttenkäse und Oregano vermischen. Zum Schluss die Mischung salzen und pfeffern.

Der Teig sollte genau die richtige Festigkeit haben, um Kugeln zu formen. Falls er zu dünn ist, streuen wir mehr Haferflocken dazu. Falls er jedoch zu fest sein sollte, gießen wir etwas Milch dazu.

Wenn der Teig die richtige Konsistenz hat, formen wir mit Hilfe eines Teelöffels oder mit den Händen Kugeln daraus. Die Kugeln auf einem mit Backpapier ausgelegten Backblech verteilen.

Das Backblech in den Backofen geben und 15–20 Minuten bei 180–190 °C backen.

TIPP Die Kugeln pur, zu Salat oder zum Beispiel mit dem Tsatsiki von S. 62 servieren.

Nährwertangaben für 1 Portion:

- 223 kcal
- 11 g Eiweiß
- 29 g Kohlenhydrate
- 7 g Fett

Gesundes Naschen

Thunfisch-Muffins

Vorbereitungszeit: 20 Minuten
Koch-/Backzeit: 35 Minuten

Schwierigkeit: einfach
Portionen: 6

- 200 g Thunfisch in eigenem Saft (abgegossen)
- 3 Eier
- 1 Handvoll frische Minze
- 120 g Mozzarella
- 3 EL Olivenöl
- Salz
- Pfeffer
- 1 TL Curry
- 100 g fein gemahlene Haferflocken

Die Minze fein hacken und den Mozzarella reiben. Alle Zutaten anschließend vermischen und den Teig in Muffinkörbchen füllen.

Die Muffins für 30–35 Minuten bei 160–170 °C im Ofen backen lassen.

TIPP Mischt geriebene Karotten, Zucchini oder Zwiebeln mit in die Thunfisch-Muffins.

Nährwertangaben für 1 Portion:

(239 kcal)
(16 g Eiweiß)
(10 g Kohlenhydrate)
(15 g Fett)

Zucchini-Tortilla mit Ricotta

Vorbereitungszeit: 15 Minuten
Koch-/Backzeit: 30 Minuten

Schwierigkeit: einfach
Portionen: 8

- 400 g Zucchini
- 350 g Ricotta*
- 100 g Hüttenkäse
- 1 Zwiebel
- 2 Knoblauchzehen
- 1 EL grobkörniger Senf
- 3 Eier
- 2 EL Olivenöl
- Salz

Den Backofen auf 180 °C vorheizen.

200 g Zucchini auf einer feinen Reibe reiben, salzen und zum Abtropfen beiseitestellen.

Anschließend überschüssiges Wasser ausdrücken.

Die Zucchini in eine Schüssel geben und mit Ricotta, Hüttenkäse, der fein gehackten Zwiebel, gepressten Knoblauchzehen, Salz, grobkörnigem Senf und Eiern verrühren.

Den Teig in eine mit 2 Esslöffel Olivenöl eingefettete Kuchenform gießen.

Die restlichen 200 g Zucchini in Scheiben schneiden und gleichmäßig auf dem Teig auslegen.

Anschließend ca. 30 Minuten bei 170–180 °C backen.

TIPP Ihr könnt der Tortilla je nach Geschmack zum Beispiel getrocknete Tomaten oder Oliven beimischen.

* Ricotta ist ein Frischkäse, der meistens 6–15 % Fett enthält. Er wird aus Ziegenmilch-, Schafsmilch- und manchmal auch Kuhmilchmolke hergestellt. Von seiner Struktur her erinnert er am ehesten an Quark.

Nährwertangaben für 1 Portion:

(133 kcal)

(9 g Eiweiß)

(4 g Kohlenhydrate)

(9 g Fett)

Herzhafte Galette

Vorbereitungszeit: 20 Minuten
Koch-/Backzeit: 35 Minuten

Schwierigkeit: mittelschwer
Portionen: 4

- 250 g fein gemahlenes Vollkorn-Dinkelmehl
- 1 Prise Salz
- 100 g Butter
- 50 g Basilikumpesto*
- 2 EL Olivenöl
- 100 g in Scheiben geschnittene Zucchini
- 100 g Cherry-Tomaten
- 50 g geriebener Parmesan

Den Backofen auf 190 °C vorheizen.

Das Vollkorn-Dinkelmehl sowie Salz, weiche Butter und ca. 100–150 ml Wasser in einer großen Schüssel vermischen. Einen Teig herstellen und für mindestens 20 Minuten in den Kühlschrank stellen.

Den abgekühlten Teig ausrollen und mit 2 Esslöffel einer Mischung aus Olivenöl und Pesto bestreichen.

Die in Scheiben geschnittenen Zucchini und die Cherry-Tomaten auf dem Teig verteilen, ca. 3 cm vom Rand entfernt. Die Ränder nach innen umschlagen. Die Galette auf ein mit Backpapier ausgelegtes Backblech legen. Dann 30–35 Minuten bei 180–190 °C backen und 10 Minuten vor Ende der Backzeit mit Parmesan bestreuen.

TIPP Probiert anstelle von Tomaten und Zucchini zum Beispiel in dünne Scheiben geschnittene Rote Bete und Kürbis.

* Verwendet im Rezept Euer eigenes hausgemachtes Pesto. Das Rezept dafür findet Ihr auf Seite 134.

Nährwertangaben für 1 Portion:

(581 kcal)

(12 g Eiweiß)

(50 g Kohlenhydrate)

(37 g Fett)

Erfrischungen, Salate und Getränke

In diesem Kapitel findet Ihr viele erfrischende Leckerbissen. Auf den ersten Blick scheinen sie sich stark zu unterscheiden, aber eigentlich haben sie vieles gemeinsam:

Sie machen satt und sind gleichzeitig leicht verdaulich.

Sie sind im Handumdrehen zubereitet.

Sie sind voll von frischen Zutaten ohne Kochen und Backen.

Ihr könnt sie jederzeit essen – sie eignen sich zum Frühstück, als Vesper, zum Abendessen, manchmal auch als leichtes Mittagessen.

Was gehört hier also hinein? Ihr findet Salate und Dips, die sie hervorragend ergänzen, sowie einige Rezepte für schmackhafte Smoothies mit viel Obst und Gemüse.

Wir müssen zugeben, dass Salate unser Lieblingsessen sind. Allein aufgrund der unendlichen Menge an Kombinationen, die am Ende auch immer hervorragend schmecken.

Ein wenig Geknabber und Ihr habt die fünf Portionen Gemüse oder Obst, die Ihr am Tag zu Euch nehmen solltet, schon innerhalb weniger Minuten gegessen. Der Körper freut sich über die Folsäure sowie jede Menge weiterer Vitamine und Ihr könnt eine leichte Mahlzeit genießen.

Smoothies könnten wir aufgrund ihrer Ergiebigkeit und ihrer Nährwerte einfach bei den Frühstücksrezepten einordnen. Ihr werdet sie aber auch als eine angenehme Erfrischung etwa nach dem Frühstück oder als Nachmittagsimbiss zu schätzen wissen.

Probiert also alles fleißig aus und lasst auch den Rest der Familie kosten. Und lasst uns bitte wissen, wie es Euch geschmeckt hat.

Quinoa-Salat mit Tahini-Dressing

Vorbereitungszeit: 10 Minuten
Koch-/Backzeit: 15 Minuten

Schwierigkeit: einfach
Portionen: 5

- 150 g Quinoa
- 150 g Gurke
- 100 g Rucola
- 200 g vorgekochte Kichererbsen
- 1 Schalotte

FÜR DAS DRESSING
- 50 g Tahini*
- 1 Knoblauchzehe
- Saft von ½ Zitrone
- 3 EL Olivenöl
- Salz

Die Quinoa in siedendem Salzwasser gemäß der Anleitung auf der Packung kochen.

Für die Zubereitung des Dressings Tahini, gepresste Knoblauchzehe, Zitronensaft, Olivenöl und Salz vermischen.

Die Gurke in Scheiben schneiden und diese Scheiben in Viertel teilen. Den Rucola abwaschen und zusammen mit den Kichererbsen und der fein gehackten Schalotte mit zur Gurke geben.

Das gesamte Gemüse in einer Schüssel mit der Quinoa und den Kichererbsen vermischen und mit Dressing übergießen.

TIPP Ihr könnt grüne Bohnen in den Salat mischen.

* Tahini ist eine aus gepressten Sesamsamen hergestellte Paste. Diese hat einen prägnanten Geschmack und wird deshalb in kleineren Mengen verwendet. Die typische Verwendung von Tahini ist in Hummus, in Falafel oder eben in Salatdressing.

Nährwertangaben für 1 Portion:

(394 kcal)
(15 g Eiweiß)
(43 g Kohlenhydrate)
(18 g Fett)

Salat mit Wildreis und Kokos

Vorbereitungszeit: 20 Minuten
Koch-/Backzeit: 30 Minuten

Schwierigkeit: einfach
Portionen: 3

- 150 g Wildreis in trockenem Zustand
- 20 g Kokoschips
- 100 g gehobelte Mandeln
- 1 Handvoll frischer Koriander
- ½ Frühlingszwiebel

FÜR DAS DRESSING
- Saft von 1 Zitrone
- 1 Knoblauchzehe
- 200 g griechischer Joghurt
- Salz
- Pfeffer

Den Reis in gesalzenem Wasser für die auf der Verpackung angegebene Zeit kochen.

Bis der Reis gekocht ist, bereiten wir das Dressing zu. Zitronensaft, gepresste Knoblauchzehe und griechischen Joghurt vermischen und mit Salz und Pfeffer abschmecken.

Den gekochten Reis abkühlen lassen und anschließend mit Kokos, Mandeln, Koriander und klein gehackter Frühlingszwiebel vermischen.

Den Salat in 3 Portionen aufteilen, mit dem vorbereiteten Dressing übergießen und servieren.

TIPP Mischt in das Dressing einen halben Teelöffel Kurkuma oder Curry.

Nährwertangaben für 1 Portion:
- 479 kcal
- 21 g Eiweiß
- 47 g Kohlenhydrate
- 23 g Fett

Erfrischungen, Salate und Getränke

Salat mit Couscous und Bleichsellerie

Vorbereitungszeit: 15 Minuten
Koch-/Backzeit: 0 Minuten

Schwierigkeit: einfach
Portionen: 4

- 100 g Vollkorn-Couscous
- 300 g Bleichsellerie
- 50 g Cashewkerne
- Kerne aus ½ Granatapfel
- 100 g Rucola

FÜR DAS DRESSING
- Saft aus ½ Granatapfel
- ½ Knoblauchzehe
- Salz
- 3 EL Olivenöl
- 1 EL Zitronensaft

Das Couscous mit 300 ml heißem Wasser übergießen und für 10 Minuten zur Seite stellen.

Anschließend bereiten wir das Dressing zu. In einem Schälchen Granatapfelsaft, gepresste Knoblauchzehe, Salz, Olivenöl und Zitronensaft vermischen.

Den Sellerie abwaschen, in Würfel schneiden und in eine Schüssel geben.

Zum Sellerie die Cashewkerne, die Granatapfelkerne, den Rucola und schließlich den gekochten Couscous zugeben.

Den Salat mit dem zubereiteten Dressing servieren.

TIPP Ihr könnt das Couscous durch Bulgur oder Graupen ersetzen.

Nährwertangaben für 1 Portion:

(285 kcal)
(8 g Eiweiß)
(25 g Kohlenhydrate)
(17 g Fett)

Brokkoli-Salat mit Apfel

Vorbereitungszeit: 15 Minuten
Koch-/Backzeit: 1 Minute

Schwierigkeit: einfach
Portionen: 4

— 300 g Brokkoliröschen
— 1 Apfel
— 1 Schalotte
— 50 g gehackte Mandeln

FÜR DAS DRESSING
— 1 Prise Salz
— 1 Knoblauchzehe
— 60 g Erdnussbutter*
— Saft von 1 Zitrone
— 1 EL Honig
— 3 EL Olivenöl

Die Brokkoliröschen ca. 1 Minute in siedendem Salzwasser abbrühen und in einer Schüssel beiseitestellen. Den Apfel in dünne Scheiben schneiden, die Schalotte in Halbmonde schneiden und alles zu dem Brokkoli in die Schüssel geben.

Alle Zutaten für das Dressing in den Mixer geben und glattmixen, bis sich alles vermengt hat.

Den Salat in 4 Portionen aufteilen. Mit dem zubereiteten Dressing servieren und mit gehackten Mandeln bestreuen. Der Salat kann noch mit Salz und Pfeffer abgeschmeckt werden.

TIPP Ihr könnt den Salat mit hartgekochtem Ei oder zerkleinertem Hühnchenfleisch servieren.

* Verwendet hausgemachte Erdnussbutter, das Rezept findet Ihr auf S. 170.

Nährwertangaben für 1 Portion:

(333 kcal)
(10 g Eiweiß)
(17 g Kohlenhydrate)
(25 g Fett)

Erfrischungen, Salate und Getränke

Erdnussbutter-Dip

- 100 g Erdnussbutter
- 200 g griechischer Joghurt
- 100 g Frischkäse
- 2 TL Honig
- 1 TL Vanilleextrakt

Alle Zutaten in einer kleinen Schüssel vermischen und im Kühlschrank aufbewahren.

TIPP Ihr könnt den Erdnussbutter-Dip zu Obst oder zum Beispiel auf Vollkorntoast zusammen mit Äpfeln und Nüssen servieren.

4 Portionen / Nährwertangaben für 1 Portion:

- 237 kcal
- 13 g Eiweiß
- 8 g Kohlenhydrate
- 17 g Fett

Erbsen-Dip zu Gemüse

- 200 g griechischer Joghurt
- 100 g Frischkäse
- 150 g Zuckererbsen
- 2 EL Zitronensaft
- 1 Knoblauchzehe
- Salz
- Pfeffer
- 500 g beliebiges Gemüse (Karotten, Radieschen, Gurke)

Den Dip zubereiten, indem wir den Joghurt, den Frischkäse, die Zuckererbsen sowie Zitronensaft und Knoblauch kleinmixen. Glattmixen und den Dip zum Schluss mit Salz und Pfeffer abschmecken.

Das Gemüse in Streifen schneiden und mit dem Dip servieren.

TIPP Gebt ein paar Blätter frisch gehackte Minze mit in den Erbsen-Dip.

4 Portionen / Nährwertangaben für 1 Portion:

- 164 kcal
- 9 g Eiweiß
- 14 g Kohlenhydrate
- 8 g Fett

Süßer Kürbis-Dip

- 100 g griechischer Joghurt
- 150 g Frischkäse
- 100 g Kürbispüree*
- 2 TL Honig
- ½ TL gemahlener Zimt
- ½ TL gemahlener Kardamom

4 Portionen / Nährwertangabe für 1 Portion:

- 116 kcal
- 5 g Eiweiß
- 6 g Kohlenhydrate
- 8 g Fett

Alle Zutaten vermischen. Den Dip zu frisch geschnittenem Obst servieren.

TIPP Serviert den Dip zu Gemüse oder Nudeln oder als Dressing für Salate.

* Für die Zubereitung von 250 g Kürbispüree benötigen wir einen Hokkaido-Kürbis mit ca. 600–700 g Gewicht. Den Kürbis abwaschen, in der Mitte durchschneiden und die Kerne entfernen. Den Kürbis in Würfel schneiden und auf ein mit Backpapier ausgelegtes Backblech geben.

Im vorgeheizten Backofen ca. 55–60 Minuten bei 170–180 °C backen. Dann den Kürbis nur noch abkühlen lassen und zu einem glatten Brei kleinmixen.

Süßsaurer Dip mit Erdnussbutter

- 100 g Erdnussbutter
- 1 EL Zitronensaft
- 1 EL Tamari* (oder Sojasauce)
- 2 TL Honig
- 1 Prise Salz
- Pfeffer
- 1 Knoblauchzehe

4 Portionen / Nährwertangaben für 1 Portion:

- 156 kcal
- 7 g Eiweiß
- 5 g Kohlenhydrate
- 12 g Fett

Die Erdnussbutter mit Zitronensaft, Tamari, Honig, Salz und Pfeffer vermischen. Eine gepresste Knoblauchzehe zugeben und umrühren. Falls der Dip zu fest ist, mischen wir 2 Esslöffel Wasser hinzu.

TIPP Ihr könnt den Dip zu Gemüse servieren oder Ihr könnt ihn auf Brot streichen und erhaltet ein hervorragendes Vesper oder Frühstück.

* Tamari ist eine Sojasauce, die bei der Herstellung von Miso-Paste entsteht. Ihr Geschmack ist etwas prägnanter, deshalb wird sie in kleineren Mengen als gewöhnliche Sojasaucen verwendet.

Erfrischungen, Salate und Getränke

Erdbeer-Frozen-Joghurt

— 200 g Erdbeeren
— 250 g griechischer Joghurt
— 2 TL Honig
— Samen aus 1 Vanilleschote

Alle Zutaten glattmixen. In einen Kunststoffbehälter (ca. 15 × 15 cm) gießen und für 2,5 Stunden ins Tiefkühlfach geben.
  Mit Hilfe eines Konditorlöffels Kugeln formen.
  TIPP Der Erdbeergeschmack wird hervorragend durch Pistazien oder andere Nüsse ergänzt.

4 Portionen / Nährwertangaben für 1 Portion:
117 kcal
14 g Eiweiß
8 g Kohlenhydrate
1 g Fett

Schokoladen-Frozen-Joghurt

— 2 Bananen
— 250 g griechischer Joghurt
— 1 EL holländischer Kakao
— 1 EL geraspelte Kakaobohnen zum Bestreuen*

Die Bananen, den griechischen Joghurt und den holländischen Kakao in einem Mixer kleinmixen.
  Die Mischung in einen Kunststoffbehälter (ca. 15 × 15 cm) gießen und für 2,5 Stunden is Tiefkühlfach geben.
  Mit Hilfe eines Konditorlöffels Kugeln formen, in Schälchen füllen und mit Kakaobohnen bestreuen.
  TIPP Das Eis kann zum Beispiel zu den Waffeln von S. 140 serviert werden.
  * Kakaobohnen sind zerkleinerte Samen der Kakaofrucht. Sie haben einen bitteren Geschmack und können pur gegessen oder in Joghurt oder Smoothies gemischt werden.

4 Portionen / Nährwertangaben für 1 Portion:
204 kcal
16 g Eiweiß
26 g Kohlenhydrate
4 g Fett

Schokoladen-Smoothie mit Erdbeeren

Vorbereitungszeit: 10 Minuten
Koch-/Backzeit: 0 Minuten

Schwierigkeit: einfach
Portionen: 1

- **100 g Erdbeeren**
- **1 EL Chia-Samen**
- **1 EL Limettensaft**
- **1 gefrorene Banane**
- **1 EL holländischer Kakao**
- **250 ml Milch**
- **1 TL Ahornsirup (Honig oder anderer Sirup)**

In einem hohen Glas mit einer Gabel die Erdbeeren zusammen mit Chia-Samen und Limettensaft zerdrücken.

Die Banane zusammen mit dem Kakao, der Milch und dem Sirup glattmixen und in das Glas zu den Erdbeeren gießen.

TIPP Anstelle von Erdbeeren könnt Ihr Heidelbeeren mit Acai-Pulver verwenden.

Nährwertangaben für 1 Portion:

- 337 kcal
- 14 g Eiweiß
- 50 g Kohlenhydrate
- 9 g Fett

Apfel-Smoothie mit Minze und Limette

Vorbereitungszeit: 5 Minuten
Koch-/Backzeit: 0 Minuten

Schwierigkeit: einfach
Portionen: 1

- 200 ml Mandelmilch
- 1 Handvoll Babyspinat
- ½ grüner Apfel
- einige Blätter frische Minze
- 2 TL Limettensaft
- 1 TL Honig

Alle Zutaten glattmixen und servieren.

Nährwertangaben für 1 Portion:

(115 kcal)
(1 g Eiweiß)
(21 g Kohlenhydrate)
(3 g Fett)

Erfrischungen, Salate und Getränke

Schokoladeneis mit Blaubeeren

Vorbereitungszeit: 10 Minuten
Koch-/Backzeit: 0 Minuten

Schwierigkeit: einfach
Portionen: 2

- 2 mittelgroße Bananen (gefroren)
- 100 ml fettarme Milch
- 4 getrocknete Medjool-Datteln (entkernt)
- 2 EL Agavensirup
- 3 EL holländischer Kakao (ca. 22 g)
- frische Blaubeeren zum Servieren

Die gefrorenen Bananen in den Mixer geben und mit der Milch übergießen. Die Datteln, den Agavensirup und den Kakao zugeben und alles glattmixen. Falls das Ganze zu dick zum Mixen ist, noch 2 Esslöffel Milch dazugeben.

Das fertige Eis auf zwei Schälchen verteilen, mit Blaubeeren bestreuen und sofort servieren. Falls Ihr das Eis im Gefrierschrank aufbewahren möchtet, lasst es vor dem Servieren 15 Minuten antauen.

Nährwertangaben für 1 Portion:

- 352 kcal
- 7 g Eiweiß
- 73 g Kohlenhydrate
- 3 g Fett

Iced Chai Latte mit Kokosmilch

Vorbereitungszeit: 15 Minuten
Koch-/Backzeit: 5 Minuten

Schwierigkeit: einfach
Portionen: 2

— 1 Beutel Schwarztee Earl Grey
— 250 ml Wasser (siedend)
— 1 TL gemahlener Zimt
— ¼ TL gemahlener Ingwer
— 2 TL Honig
— 250 ml Kokosmilch
— Eiswürfel zum Servieren

Den Teebeutel in eine Kasserolle legen (oder in ein anderes größeres Gefäß, das höhere Temperaturen aushält) und mit 250 ml siedendem Wasser übergießen. Zimt und gemahlenen Ingwer zugeben und den Tee 5 Minuten ziehen lassen. Danach den Beutel herausnehmen und den Chai-Tee in der Kasserolle etwas abkühlen lassen.

Anschließend den Chai-Tee mit dem Honig und der Kokosmilch verrühren und mindestens 10 Minuten im Kühlschrank abkühlen lassen.

Den abgekühlten Chai Latte in zwei Portionen aufteilen und mit Eis servieren.

Nährwertangaben für 1 Portion:

(253 kcal)
(1 g Eiweiß)
(10 g Kohlenhydrate)
(23 g Fett)

Erfrischender Sommersalat mit Avocado und Erdbeeren

Vorbereitungszeit: 15 Minuten
Koch-/Backzeit: 3 Minuten

Schwierigkeit: einfach
Portionen: 2

- 20 ungeschälte Mandeln
- 70 g Feldsalat
- 100 g Erdbeeren
- 1 EL Olivenöl
- 1 EL Honig
- Saft aus ½ Zitrone
- 1 reife Avocado
- 75 g Fetakäse
- Salz
- Pfeffer

In einer Pfanne die Mandeln trocken anrösten (es genügen 2–3 Minuten bei mittlerer Hitze). Nach dem Rösten die Mandeln beiseitestellen und abkühlen lassen.

In der Zwischenzeit in einer Schüssel den Salat vorbereiten. Den Feldsalat abwaschen, abtrocknen und in die Schüssel geben. Die Erdbeeren in Scheiben schneiden und zusammen mit den gerösteten Mandeln in die Schüssel zum Feldsalat geben. In einem separaten Gefäß Olivenöl, Honig und Zitronensaft vermischen und die so entstandene Salatsoße über den Schüsselinhalt gießen. Salz und Pfeffer zugeben und anschließend das Ganze vermischen.

Die Avocado entkernen, schälen und das Fruchtfleisch in Scheiben schneiden. Die Salatmischung aus der Schüssel in 2 Portionen aufteilen und auf beiden Portionen die kleingeschnittene Avocado verteilen. Zum Schluss beide Portionen mit dem zerbröselten Feta bestreuen und servieren.

Nährwertangaben für 1 Portion:

- 488 kcal
- 13 g Eiweiß
- 20 g Kohlenhydrate
- 38 g Fett

Schneller Thunfischsalat

Vorbereitungszeit: 10 Minuten
Koch-/Backzeit: 9 Minuten

Schwierigkeit: einfach
Portionen: 2

- 150 g beliebige Salatblätter (z. B. Rucola, Babyspinat, Kopfsalat o. Ä.)
- 2 EL Balsamico-Essig
- 250 g Tomaten
- 80 g Thunfisch im eigenen Saft
- 10 ml Zitronensaft
- 10 g Leinsamen (es können auch andere Samen verwendet werden – z. B. Sonnenblumenkerne, Kürbiskerne o. Ä.)
- 2 Eier
- 100 g Fetakäse
- Salz
- Pfeffer

Die Salatblätter kleinzupfen und auf 2 kleine Schüsseln verteilen, zu jeder Portion 1 Esslöffel Balsamico-Essig zugeben und vermischen. Die Tomaten in kleine Stücke schneiden und zum Salat in die Schüsseln geben. Den Thunfisch aus der Dose nehmen, mit Küchenpapier abtrocknen und auf die Schüsseln verteilen. Anschließend beide Portionen mit Zitronensaft beträufeln und mit Leinsamen bestreuen.

Die Eier in einen Topf mit kochendem Wasser legen und bei mittlerer Hitze je nach Geschmack weich (5–6 Minuten) oder hart (7–9 Minuten) kochen. Nach dem Kochen die Eier schälen, in Hälften schneiden und zum Salat in die Schüsseln geben.

Zum Schluss beide Salatportionen mit dem zerbröselten Feta bestreuen, den Salat mit Salz und Pfeffer abschmecken und servieren.

Nährwertangaben für 1 Portion:

- 354 kcal
- 29 g Eiweiß
- 12 g Kohlenhydrate
- 20 g Fett

Grüner Smoothie mit Avocado, Banane und Ananas

Vorbereitungszeit: 5 Minuten
Koch-/Backzeit: 0 Minuten

Schwierigkeit: einfach
Portionen: 2

— 100 g Avocado
— 70 g frischer Spinat
— 60 g Banane
— 50 g Ananas
— 50 g Erdbeeren
— 1 EL Chia-Samen
— 150 ml Wasser

Alle Zutaten in den Mixer geben und glattmixen.

Nährwertangaben für 1 Portion:

(204 kcal)
(4 g Eiweiß)
(16 g Kohlenhydrate)
(14 g Fett)

Erfrischungen, Salate und Getränke

Zutaten und ihre Alternativen

Habt Ihr ein Rezept gefunden, das Ihr kochen wolltet, seid jedoch bei den erforderlichen Zutaten hängengeblieben? Es kann passieren, dass Ihr einige Zutaten nicht zu Hause im Speiseschrank habt. Oder Ihr wohnt in einem kleinen Ort und kommt an manche Produkte schlechter ran. Genau dafür haben wir diese Tabelle mit Alternativen vorbereitet, die als gleichwertiger Ersatz für die Zutaten im Rezept genutzt werden können. Wie könnt Ihr Euch in der Tabelle orientieren? Links in der Tabelle befindet sich die ursprüngliche Zutat, rechts ihre mögliche Alternative.

Zutaten	Alternativen
Protein	Haferflocken
	Vollkornmehl
	geraspelte Kokosnuss
getrocknete Datteln	getrocknete Preiselbeeren
	getrocknete Feigen
	getrocknete Zwetschgen
	Rosinen
Karob	holländischer Kakao
Roggenflocken	Haferflocken
	Gerstenflocken
	Buchweizenflocken
	Dinkelflocken
Olivenöl	Sonnenblumenöl
	Kokosöl
	Butterschmalz
Mandelbutter	Erdnussbutter
	Cashewbutter
	Kokosbutter

Reismilch	Kuhmilch
	Sojamilch
	Mandelmilch
	Hafermilch
	Haselnussmilch
gemahlene Walnüsse	gemahlene Mandeln
	gemahlene Haselnüsse
	Kokosmehl
Eischnee	aufgeschlagenes Kichererbsenwasser
Ahornsirup	Honig
	Stevia
	Reissirup
	Dattelsirup
	Heidelbeersirup
	Dinkelsirup
	Maissirup
Quinoa	Vollkornreis
	Buchweizengrütze
	Vollkorncouscous
	Wildreis
Schalotte	kleine Zwiebel
Ricotta	Quark (Fettstufe)
	griechischer Joghurt
Zartbitterschokolade	Gemisch aus Kokosöl, Honig und holländischem Kakao

Wasserbad

Für die Zubereitung eines Wasserbads brauchen wir zwei Metallbehälter (idealerweise ein Topf und eine Schüssel), die so ineinanderpassen, dass der kleinere Behälter nicht den Boden des größeren berührt. In den größeren Behälter füllen wir Wasser und erwärmen ihn so, dass das Wasser leicht siedet. Wir legen vorsichtig die Schüssel mit Schokolade, Honig und Kokosöl in den Topf und lassen das Gemisch unter ständigem Rühren schmelzen.

Ihr habt noch nicht den 1. Teil?

Bereichert Eure Küche um weitere 120 Rezepte
Unser erstes Kochbuch steckt voller gesunder und leichter Gerichte,
erfrischender Salate und Eisrezepte
Ihr könnt es auf unserer Website gesundessen.de/at/ch bestellen

**In über 400 Buchhandlungen erhältlich
oder direkt bei uns unter www.gesundessen.de**

Kennt Ihr unsere App Gesund essen?

Kennt Ihr unsere App Gesund essen?
Ihr könnt sie auf Google Play und im App Store kostenlos herunterladen. Sie verfügt nun auch über eine Premiumversion mit folgenden Vorteilen:

- mehr als 350 Rezepte aus allen Kochbüchern (auch aus denen, die erst noch herauskommen)
- Eure Lieblingsrezepte auch ohne Internetverbindung
- Rezeptsuche nach Zutaten, die Ihr im Haus habt
- keine Reklame

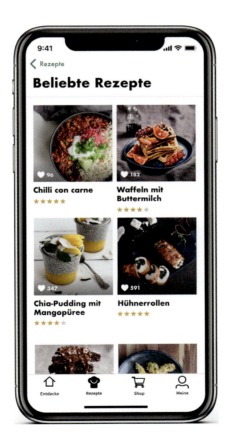

Probiert die PREMIUM-Version der App Gesund essen aus

Index

Frühstück und Vesper

Heidelbeerpfannkuchen	10
Buchweizengrütze mit Honig und Kokos	12
Cappuccino-Milchreis	14
Karotten-Overnight-Oats	16
Energy-Riegel	18
Matcha-Smoothie-Bowl	20
Gebackene Eier mit Spinat	22
Spinatomelett mit Champignons	24
Herzhafter Haferbrei mit Champignons	26
Thunfisch-Avocado-Toast	28
Toast 9× anders	30

Suppen

Suppe mit Austern-Seitlingen	34
Brokkolisuppe mit Sellerie	36
Zucchinisuppe	38
Linsensuppe mit Kurkuma	40
Erbsencremesuppe	42
Champignonsuppe	44
Karottensuppe mit gerösteten Kichererbsen	46
Rote-Bete-Suppe	48
Tomatensuppe mit Bulgur und Feta	50
Suppe aus gebackenen Tomaten	52

Hauptgerichte

Überbackene Zucchini mit Rindfleisch	56
Fleischbällchen mit Spaghetti	58
Hühnchenrouladen	60
Hühnerspieße mit Tsatsiki	62
Chicken Bowl	64
Thai-Hühnchen-Curry	66
Puten-Portobello-Burger	68
Putenmischung mit Kichererbsen	70
Lachs-Tatarsteak	72
Lachs mit Mohnkruste	74
Forelle mit Chili und Limette zu warmem Bulgursalat	76
Zander mit Spinat, Mandeln und Apfel	78
Garnelen mit Minz-Kartoffelbrei	80
Garnelen mit Spargel	82
Gedünstete Miesmuscheln	84
Portobello-Steaks mit Avocado-Soße und Kartoffeln	86
Rote-Bete-Burger mit Avocado-Semmel	88
Nudeln mit Blumenkohl-Kürbis-Soße	90
Nudeln mit Brokkoli-Soße	92
Vollkorn-Penne mit Thunfisch	94
Zucchini-Spaghetti	96
Rote-Bete-Risotto	98
Olivenpuffer	100
Pizza mit Quinoa-Boden	102
Überbackene Tomaten mit Schnittlauch und Parmesan	104
Blumenkohlschnitzel	106
Gebackene Süßkartoffeln mit Honig und Joghurt	108
Vollkorn-Naan	110
Süßkartoffel-Falafel	112
Hummus-Wrap	114
Omelett mit getrockneten Tomaten	116

Aufstriche

Schokoladen-Hummus	120
Chili-Hummus	122

Aufstrich aus eingelegten Paprika	124	Herzhafte Galette	186
Rote-Bete-Hummus	126		
Feta-Aufstrich	128	**Erfrischungen, Salate**	
Thunfisch-Aufstrich mit Chili	130	**und Getränke**	
Pesto aus getrockneten Tomaten	132	Quinoa-Salat mit Tahini-Dressing	190
Basilikumpesto	134	Salat mit Wildreis und Kokos	192

Gesundes Naschen

		Salat mit Couscous und Bleichsellerie	194
		Brokkoli-Salat mit Apfel	196
Kakao-Kokos-Schaum	138	Erdnussbutter-Dip	200
Apfelwaffeln	140	Erbsen-Dip zu Gemüse	200
Schokoladenmuffins mit Guss	142	Süßer Kürbis-Dip	201
Proteinkugeln mit Preiselbeeren	144	Süßsaurer Dip mit Erdnussbutter	201
Zimtschnecken	146	Erdbeer-Frozen-Joghurt	202
Erdnussbutterkekse	148	Schokoladen-Frozen-Joghurt	202
Matcha-Kekse	150	Schokoladen-Smoothie mit Erdbeeren	204
Mandeln in Schokolade mit Meersalz	152	Apfel-Smoothie mit Minze und Limette	206
Buchweizen-Crisps mit Zimt	154	Schokoladeneis mit Blaubeeren	208
Ananaskuchen	156	Iced Chai Latte mit Kokosmilch	210
Kürbiskuchen	158	Erfrischender Sommersalat	
Marmorkuchen	160	mit Avocado und Erdbeeren	212
Bananenkuchen ohne Backen	162	Schneller Thunfischsalat	214
Karottentorte	164	Grüner Smoothie mit Avocado,	
Red Velvet Layer Cake	166	Banane und Ananas	216
Banana Bread	168	Zutaten und ihre Alternativen	218
Hausgemachte Erdnussbutter	170	Wasserbad	219
Erdbeer-Chia-Marmelade	172		
Häppchen aus Tortilla und Räucherlachs	174		
Karotten-Fritten mit Paprikadip	176		
Körnercracker	178		
Zucchinikugeln	180		
Thunfisch-Muffins	182		
Zucchini-Tortilla mit Ricotta	184		

Nun seid Ihr ganz am Schluss des Kochbuchs angelangt.

Und was kann man Besseres zum Abschluss sagen, als: DANKE! Wir danken Euch, unseren Lesern. Wir danken Euch dafür, dass Ihr mit uns kocht und uns dazu inspiriert weiterzuarbeiten. Und wir freuen uns darüber, wenn Ihr uns Eure Einfälle und Anmerkungen schickt, die uns dabei helfen, uns ständig zu verbessern. Denn es macht viel mehr Sinn, Rezepte zusammenzustellen, die Ihr Euch selbst wünscht und die Ihr kochen möchtet.

Wir möchten uns auch bei unseren Familien und Partnern bedanken. Ein Kochbuch zu schreiben ist eine schöne Arbeit, aber machen wir uns nichts vor. Es ist auch harte Arbeit. Darum danke dafür, dass Ihr uns unterstützt habt und dass Ihr bereit wart, das ganze Prozedere erneut mit uns zu durchlaufen.

Und vergessen dürfen wir auch nicht…

Milena, die Jana beim Probieren geholfen hat und bereitwillig so viele Gerichte getestet hat, dass sie alle zusammen nicht einmal auf einer kaiserlichen Tafel Platz finden würden.

Martin, der erneut zu seinem Fotoapparat gegriffen hat und mit Bára zusammen die Gerichte gleich nach dem Servieren auf dem Teller fotografiert hat.

Alle anderen, die uns inspiriert haben und die Rezepte getestet haben oder sich anderweitig eingebracht haben.

Wir sind froh, dass wir Euch haben.

Bleibt mit uns in Kontakt auf der Facebook-Seite Gesund essen

Redakteur – Petr Novák, Martin Kostelecký
Fotografie der Rezepte – Barbora Lundgren
Fotografie Redaktion – Lucie Fenclová
Übersetzung – Sonja Pergler, Adam Pergler
Korrektur – Viola Somogyi
Grafischer Entwurf – Barbora Hlubučková
Druck und Bindung – Tisk Centrum s.r.o.

Herausgegeben vom Verlag – © VERDON CAPITE s.r.o., Prag 2022
als dessen 2. Veröffentlichung, 224 Seiten
Firmensitz: Bělehradská 858/23, 120 00 Praha 2, Tschechische Republik
www.gesundessen.de, www.gesundessen.at, www.gesundessen.ch
Sie können die Kochbücher auf unserer Website kaufen.
Kontakt zu den Autoren: kundenservice@gesundessen.de/at/ch
ISBN 978-80-88387-27-5
© VERDON CAPITE s.r.o., 2022, alle Rechte vorbehalten